Fündling | Asterix. 100 Seiten

AF198002

R≣

* Reclam 100 Seiten *

JÖRG FÜNDLING, geb. 1970, ist Althistoriker und wissenschaftlicher Mitarbeiter am Historischen Institut der Rheinisch-Westfälischen Technischen Hochschule Aachen.

Jörg Fündling

Asterix. 100 Seiten

RECLAM

Für Jens Bartels und Anke Bohne –
Unbeugsame, Freunde, Inspirationsquellen

Autor und Verlag danken Gudrun Penndorf, M. A.,
für wertvolle Hinweise.

6., aktualisierte Auflage 2023

2016, 2023 Philipp Reclam jun. Verlag GmbH,
Siemensstraße 32, 71254 Ditzingen
Umschlaggestaltung: Philipp Reclam jun. Verlag GmbH
nach einem Konzept von zero-media.net, München
Umschlagabbildung: FinePic®, München
Infografiken (S. 8 f., 42 f.): Infographics Group GmbH
Bildnachweis: S. 7 © picture alliance; S. 21 © Fotolia/fm69002;
S. 34, 85 © picture alliance / dpa; S. 71 © Claude Thibault / Alamy
Umschlagmaterial: Creative Print, Schabert
Druck und Bindung: Esser printSolutions GmbH,
Untere Sonnenstraße 5, 84030 Ergolding
Printed in Germany 2024
RECLAM ist eine eingetragene Marke
der Philipp Reclam jun. GmbH & Co. KG, Stuttgart
ISBN 978-3-15-020418-4

www.reclam.de

Für mehr Informationen zur 100-Seiten-Reihe:
www.reclam.de/100Seiten

Inhalt

Prolog: Der spinnt, der Autor

Es war für das Jahr 1975 keine ganz untypische Ansammlung von Weihnachtsgeschenken – überwiegend. Ein Plastikhelm mit Hörnern und der etwas optimistischen Aufschrift »Wickie« plus Schwert. Ein Hörspiel; *Robbi, Tobbi und das Fliewatüüt* war erst neulich im Fernsehen gelaufen. Und ein anderes Album, das für einen noch nicht Sechsjährigen wohl etwas verfrüht war. An die Comicsprache konnte man sich ja gewöhnen, aber mit *Anmerkungen*? Und einige Anspielungen waren definitiv für deutlich Ältere gedacht. Egal, ich würde meinem Vater den neuen Band zumindest leihen, wenn ich erst entnervt aufgab – und, falls *Der Kampf der Häuptlinge* doch das Richtige war, endlich *Die Trabantenstadt* wieder hergeben. So weit die Kalkulation.

Das Geschenk war gut gewählt, nur war ich für den Rest des Abends nicht mehr besonders ansprechbar – und die Sache zog ungeahnt weite Kreise. Mit dem Zahnputzbecher fing es an. Die Nachttischlampe bewies, dass es keine gute Idee war, eine heiße Glühbirne mit einem grauen Plastik-Hinkelstein zu ummanteln; nach ein, zwei Jahren konnte ich Splitter davon abbrechen. Mein erstes Kinoerlebnis überhaupt hieß *Asterix erobert Rom*, dicht vor der Leinwand und gleich neben den

Lautsprechern … eindrucksvoll. Wildentschlossen leerte ich Klebstofftuben über elend komplizierten Bastelbögen aus, auch wenn Kleopatras Prunkgaleere in sich zusammensank, die Säulen ihres Palastes sich auseinanderrollten und die Statuen vom Kolosseum fielen. Die (fertig gekaufte) Armbanduhr, an deren Sekundenzeiger ein kleiner Idefix rund ums Zifferblatt hoppelte, hielt nicht viel länger.

Anders als das turbulente, farbige Original, das sich immer wieder lesen ließ, ohne je zu viel zu werden. Es verschmolz mit prägenden Momenten. »Zur Erinnerung an Deinen 3. ausgefallenen Zahn« stand auf einem Umschlag; *Asterix bei den Schweizern* war Jahre später der einzige Fluchtpunkt aus dem ängstlichen Warten auf eine Operation. Die Eltern einer Sandkastenfreundin sollten den strategischen Fehler begehen, *Asterix in Spanien* auf dem Sofatisch liegenzulassen … wir haben uns nie geküsst. Literatur kann auch sehr einsam machen.

Aber was hat sie einem dafür nicht alles gegeben! Ein Gesprächsthema auf gleicher Augenhöhe zwischen Kinder- und Wohnzimmer, die frühe Kenntnis buntgemischter lateinischer Zitate, jahrelange Ausdauer beim Hoffen und Bangen, ehe der nächste Band erschien, Selbstironie durch den Konsum aller möglichen und unmöglichen Nebenprodukte. Und während gängige Traumberufe (Pirat, Astronaut, Entdecker von Dinosauriern) sich auf die eine oder andere Weise nicht einstellten, habe ich bis heute das Privileg, mich mit den geliebten römischen Eindringlingen in Form von Büchern und Aufsätzen herumzuschlagen.

Asterix hinterlässt Spuren – berufs- und altersunabhängig, weit jenseits eines einzelnen exzentrischen Lebenslaufs. Das Etikett »Phänomen« ist fast schon so alt wie die Erfolgsgeschichte selber; wie das Zittern einer Fangemeinde vor den Gefahren der Wiederholung und von allzu viel Profit; wie das Rätselraten, weswegen eine Geschichte voller Anspielungen auf die Welt von heute, versetzt in eine Vergangenheit, die nicht einmal annähernd so ausgesehen hat, Leute anspricht, die sich mit den richtigen Galliern und den richtigen Römern freiwillig nie abgeben würden. Das Thema ist gut für hitzige Diskussionen, schamlose Nostalgie, für Insiderwitze oder wilde Vermutungen – und selbstverständlich für gelehrte Abhandlungen. Ein Kompromiss aus all dem ist dieses Buch.

Aus der Not geboren:
Der Aufstieg eines respektlosen Idols

Wie alles anfing, das ist öfters erzählt worden. Versuchen wir es mit einer Geschichte des Mangels. Eine Gruppe abenteuerlustiger Journalisten war dabei, eine Zeitschrift für Jugendliche zu gründen. Von allem etwas. Reportagen, Erzählungen, Rätsel und Spiele, prominente Gastautoren, aber auch – wozu erschienen Europas Comics im Zweifelsfall auf Französisch? – etwas aus dem Bereich der *Bande dessinée*. Vorgesehen war unter anderem etwas, wovon niemand schlecht träumen würde (oder Ärger mit der künftigen Schwiegermutter bekäme, wenn sie es las): im Fachjargon ein Funny, etwas Freches, Amüsantes ohne zu viel Sex & Crime. Im Zweifelsfall lieber mit Crime als mit Sex? Man schrieb das Jahr 1958. Die beiden Zuständigen für einen der beiden Comicbeiträge kamen auf die geniale Idee, die französische Bildungstradition und längst vergangene Zeiten auf den Arm zu nehmen … und so entstand die bis heute legendäre Serie über Reineke Fuchs von René Goscinny und Albert Uderzo. Nur dass sie eben nicht entstand.

Jedenfalls wäre es beinahe so gekommen, hätte nicht ein Kollege bereits den Klassiker um einen mittelalterlichen Schurkenhelden in Tiergestalt, den *Roman de Renart*, auf dem

Zeichentisch gehabt. Damit klaffte eine Lücke im Repertoire, Albtraum jedes Zeitschriftenredakteurs und ein Unding beim Start eines ganz neuen Magazins – der Titel *Pilote* stand mittlerweile fest, und der Düsenjäger-Comic *Tanguy*, gezeichnet von Uderzo, spielte nicht zufällig eine Rolle.

Das Autorengespann ließ sich nicht lange entmutigen und ging erneut auf Themensuche, unter unveränderten Vorbedingungen. Diesmal aber kam das Glücksrad der Einfälle bei etwas im weitesten Sinne Historischem zum Stillstand … und so fiel eine im engeren Sinne historische Entscheidung. Goscinny und Uderzo würden es mit den halb mythischen Urfranzosen versuchen und ihre Auseinandersetzung mit den übermächtigen Römern diesmal geringfügig anders ausgehen lassen. Genug komisches Potential für eine längere Geschichte hatte die Sache hoffentlich. Und so wurde es beschlossen.

Die Redaktion legte ihre Beiträge zusammen, die letzten Löcher in der Finanzierung wurden gestopft, die Werbetrommel gerührt, und endlich kam am 29. Oktober 1959 die erste *Pilote*-Nummer heraus. Ein Erfolg? Eine kleine Sensation. Zeitgeist und Geschmack waren offensichtlich genau getroffen. Nur der Geldstrom vom Zeitungskiosk bis zum Redaktionsteam floss erschütternd langsam – als letzter Ausweg blieb nur, den bankrotten Erfolgstitel *Pilote* 1960 für einen symbolischen Franc an den Verlag Dargaud zu verkaufen, der bereits *die* Comiczeitschrift schlechthin, *Tintin*, herausbrachte. »Das Jugendmagazin des Jahres 2000«, wie ein neuer Untertitel bald verkündete, stützte sich insbesondere auf die Erfolgsserien; und kaum eine kam so gut an wie *Astérix le Gaulois*, der kleine, wenig reckenhafte Listenreiche. Goscinny und Uderzo schickten 1960 eine zweite Geschichte hinterher, in der auch der unvernünftig starke Obelix das erste Mal seinen

Hinkelsteinbruch verließ, um auf Abenteuer zu gehen (und sich im Handumdrehen zu einer unverzichtbaren Persönlichkeit entwickelte).

Nicht allein wegen, aber immer mehr dank *Astérix* waren Goscinny und Uderzo, beide schon etablierte Größen der französischen Comicszene, bald so etwas wie Stars. Die weiterhin turbulente Redaktionsgeschichte von *Pilote* trug Goscinny nach einer neuen Krise um die Ausrichtung des Magazins 1963 in einen der zwei Chefsessel empor, und in *Der Kampf der Häuptlinge* (S. 38) wurde 1965 in einem kleinen Selbstzitat »die große Jugendzeitschrift des Jahres 1« auf dem antiken Rummelplatz verkauft. In der Gegenwart des 20. Jahrhunderts platzte sie nur so von Lieblingsserien.

Inzwischen aber war den beiden *Astérix*-Vätern längst der entscheidende Schritt gelungen: die selbständige Publikation. 1961 erschienen zaghafte 6000 Exemplare der ersten Gallier-Geschichte; 1965 betrug die Startauflage des Originals von *Asterix und Kleopatra* 100 000 Stück, 1967 erreichten die Bände 9 und 10 die Millionengrenze. Von einem solchen Publikum jenseits der Wochenpresse konnten Zeichner und Texter sonst nur träumen. Das Phänomen beschäftigte Wirtschaftsredaktionen und das junge Fernsehen, es verlieh Goscinny und Uderzo Kultstatus, Zugang zur Prominenz und Hebelwirkung. Der Themenvorschlag zu *Asterix bei den Schweizern* kam vom damaligen Premierminister und späteren Staatspräsidenten Georges Pompidou, und *Astérix* wurde nach dem Start zur offiziellen Bezeichnung des ersten französischen Satelliten, der am 26. November 1965 in den Himmel stieg – etwa so groß und schwer wie der Kessel des Druiden in gefülltem Zustand, nur nicht ganz so zuverlässig. Dafür ist er bis heute oben geblieben.

Albert Uderzo (li.) und René Goscinny (re.) 1976 bei der Premiere von
Asterix erobert Rom.

Sensation, Mythos, Phänomen, Manie, Kult – alle Etiketten
waren schon früh vergeben. Alljährlich, in glücklichen Jahren
gleich zweimal, erschien ein neues Album. Die Vorveröffent-
lichung in Portionen wurde unwichtiger, der allmähliche Nie-
dergang der Comiczeitschriften fiel wenig ins Gewicht. 1974
gab Goscinny seinen Redakteursposten beim *Pilote* auf, der
bald danach vom Wochen- auf den Monatsrhythmus wechsel-
te und sein Leben so bis 1989 verlängerte. Ebenfalls 1974 verlor *Pilote* den Vorabdruck der inzwischen bekanntesten französischen, wenn nicht europäischen Comicserie, um den sich
jetzt die größten Tageszeitungen rissen. *Astérix* existierte
längst in einer Welt für sich, mit Fanclubs und -artikeln, Spiel-

Global Player —
—— Asterix

Länder, in denen
Asterix unter Lizenz
in der Landessprache
erscheint

Keine eigenen
Veröffentlichungen –
viele dieser Länder
werden aber durchaus
von woanders beliefert
(z. B. das restliche
Südamerika von
Argentinien und
Spanien, Australien
von den USA aus)

Raubdrucke

Zusätzlich Ausgaben in
Dialekten/Lokalsprachen

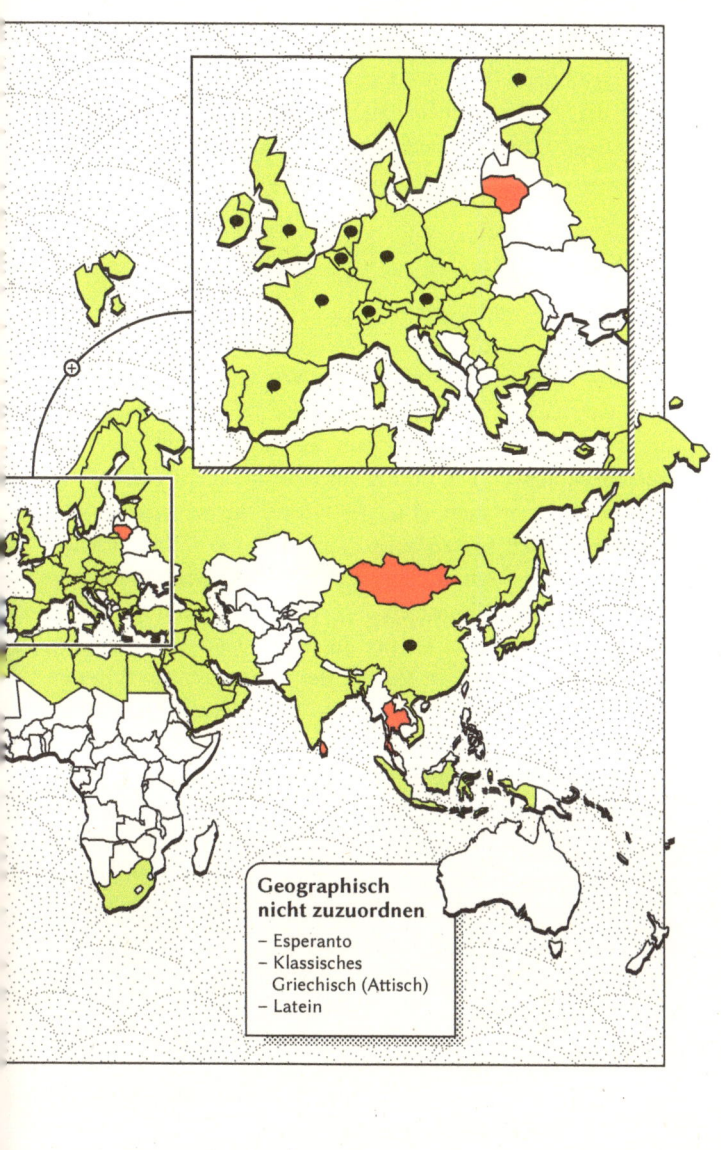

**Geographisch
nicht zuzuordnen**

– Esperanto
– Klassisches
 Griechisch (Attisch)
– Latein

zeug, ersten wissenschaftlichen Aufsätzen aller Richtungen, Übersetzungen in immer mehr Sprachen. Nicht übel für eine Idee, die, wie ihre Urheber zu Protokoll gaben, in einem zweistündigen Dauer-Lachanfall mit Blick auf einen Friedhof geboren wurde.

»Unsere Ahnen, die Gallier«

Nos ancêtres les Gaulois – so lautet der berühmte erste Satz einstiger französischer Schulbücher. Wie manche andere Schulbuchweisheit ist er eher Absichtserklärung als Tatsache. Die meiste Zeit über hatte das gebildete und blaublütige Frankreich beschlossen, von (kultivierten) Römern und (edlen) Germanen abzustammen, aber gegen Ende des 19. Jahrhunderts, als der deutsch-französische Gegensatz zur ›Erbfeindschaft‹ eskaliert war, Rom in liberal-laizistischen Kreisen mit der Macht finsterer Priester gleichgesetzt wurde und der Nationalismus sich überall stärker der Frage des eigenen ›Blutes‹ zuwandte, entstand der Mythos der unbeugsamen (!) Kelten, die in Jahrhunderten der (römischen) Okkupation und der anschließenden Unterdrückung durch (germanische) Aristokraten wundersamerweise keinem fremden Einfluss erlegen waren, ausgenommen vielleicht in Äußerlichkeiten wie der Sprache. Der Gallier von damals war tapfer (so kam der Helm auf die *Gauloises*-Zigarettenpackung), furchtlos, hütete seine Geheimnisse mit Hilfe der Priesterkaste der Druiden – und vor 1900 war man sich auch ziemlich sicher, dass die meisten Menhire auf französischem Boden von Kelten errichtet worden waren, ein Dokument ihrer Kraft und Entschlossenheit. Sittsam und zutiefst anständig waren die Gallier übrigens auch (ein Gegenbild zu dem, was die nichtfranzösische Welt bei Paris-Reisen vorzufinden hoffte). Nur römische Grausamkeit und Tücke hatte ihre tragische Niederlage herbeiführen können ... aber all die Statuen, Ölgemälde und eben Schulbuchtexte legten nahe, dass jetzt endlich eine neue Zeit der gallischen Tugenden angebrochen war. Den Umstand, dass die keltische Kultur ein Phänomen in weiten Teilen Europas gewesen war, ignorierte man fröhlich, wo immer er nicht ins Bild passte – nach dem großen Vorbild Caesars, der dreist behauptet hatte, exakt am Rhein hörten die Germanen auf und fingen die Gallier an. (»Kelten« klang römischen Ohren übrigens zu sehr nach griechischer Fachsprache.)

Dieses Porträt eines Heldenvolkes – dem deutschen Germanenkult faszinierend ähnlich – gewann durch die Katastrophe des Ersten Weltkriegs eher noch an Kraft und verflüchtigte sich nach 1945 bestenfalls zögernd. Gerade Schulbuchwissen hat ein erstaunlich langes Leben, besonders wenn mehrere Generationen es verinnerlicht haben wie in diesem Fall. Der Galliermythos verband sich mit dem Mythos der blutig abgewehrten deutschen Invasion von 1914 und dann mit dem jüngeren der Résistance, die Römer nahmen die Rolle der deutschen Besatzer ein, so wie sie rechts des Rheins mit den (vormals durchaus aggressiven und bedrohlichen) französischen Invasoren gleichgesetzt worden waren. Jetzt, in der Nachkriegszeit, schob sich außerdem das neue Selbstverständnis als Europas führende Techniknation in den Vordergrund, verbunden mit der älteren Idee einer kulturellen Mission im Bereich der ehemaligen Kolonien und dem Ehrgeiz, kulturell wie militärisch die Vormacht von einst zu bleiben ... zusehends eine Überforderung in der Zeit des Ost-West-Konflikts. Währenddessen kam in den Städten wie auf dem Land der soziale Wandel in

Fahrt. Frankreich hing auf hochinteressante Weise so sehr zwischen alten und neuen Leitgedanken in der Schwebe, dass es je nach Aufenthaltsort und Gesprächspartner mehrere Länder zugleich zu sein schien.

Der französische Comic hatte kurz nach 1945 bereits seinen Frieden mit Rom gemacht, so schien es. *Alix* präsentierte seit 1948, realistisch gezeichnet, einen jugendlich-attraktiven Gallier, der Frieden und Freundschaft mit dem Eroberer Caesar geschlossen hatte und völlig seriöse Gefahren erlebte, darunter eine leichte Zerrissenheit zwischen den beiden Hälften seiner Identität. In diesen Waffenstillstand platzten nun also zwei weitere Vertreter der »neunten Kunstform« auf völlig unvorhergesehene Weise: Sie riefen die vertrauten Gallier-Stereotypen wach, und zwar in einer Bildersprache, die geradezu »harmlos!« schrie, nur endete bereits die erste Seite mit vier vermöbelten, in die Zweige des gallischen Waldes drapierten Römern, die hinter einem davonschlendernden Knirps zurückblieben. Pech für die Römer, voran den verkniffenen, schiefe Grimassen ziehenden Cäsar, aber nicht nur für sie. Prompt wird schon auf der ersten Seite in *Die goldene Sichel* gefragt: »Nun, junger Mann, wer waren unsere Vorfahren?« Und der namenlose kleine Gallier weiß es natürlich nicht, weil er selber dummerweise erst noch ein Vorfahre werden muss. Bei der Ankunft in Lutetia gibt es Verkehrschaos, schlechte Luft, einen Musikkeller und Großstadtkriminalität, der Druide stößt serienweise Flüche aus, Troubadix der Barde verbringt das Abschlussmahl gefesselt in einer Hütte – und offensichtlich ernähren sich die Gallier tagein, tagaus von nichts anderem als Wildschwein (sie müssten allesamt Gicht bekommen, nur dass sie vorher wohl ihrem Proteinmissbrauch erlegen wären).

All diese Respektlosigkeiten wurden serviert, noch ehe die Einwohner des kleinen, unbeugsamen Dorfes als ihr wichtigstes Hobby entdeckten, sich gegenseitig zu verprügeln, sooft die Römer sich gerade nicht zeigten (lies, seit *Asterix und die Normannen*). Ihre Namen wurden von Anfang an immer aberwitziger. Und ausgeteilt wurde nach allen Seiten: Wenn *Asterix als Gladiator* das immergleiche Klischee von Brot und Spielen, Blut und Mächtigen aufs Korn nahm, das durch fast jeden Antikenfilm wabert (mit Arena und Löwen als negativem Leistungsanreiz wird unglücklichen Römern prompt in fast jedem Heft gedroht), dann führte *Tour de France* reihenweise Vorurteile und Versatzstücke über Frankreichs Regionen vor ... und legte den Finger tief in die Wunde der Kollaboration von 1940 bis 1945.

Der Kampf der Häuptlinge schob diesem einen Finger den Rest der Hand hinterher und inszenierte einen dünn verkleideten Präsidentschaftswahlkampf zwischen dem romhörigen, aber dämlichen Aplusbégalix (»a + b = x«, Augenblix in der deutschen Ausgabe) und Galliens pummeliger Antwort auf die französische Sehnsucht nach dem starken Mann auf Zeit. Der profilneurotische Zug des schönsten und stärksten aller Chefs ist mit dem deutschen »Majestix« gut getroffen; original zeichnet er als »Abraracourcix« (*à bras raccourcis*, »mit voller Wucht«). Ob Majestix dem präsidialsten aller Präsidenten, nämlich Charles de Gaulle, entspricht, darüber streiten sich bis heute die Geister, und die Autoren haben von Anfang an Witze über die Suche nach de Gaulle in ihrer Serie gerissen. Die Figur hat Majestix jedenfalls nicht vom Nationalhelden. Immerhin, wer in Deutschland arglos den Redeanfang »Gallier, Gallierinnen!« liest (*Asterix als Gladiator*, S. 9; *Der Kampf der Häuptlinge*, S. 15), ahnt jedenfalls nicht, wie lieb und teuer

»Français! Françaises!« ›dem General‹ als pathetischer Auftakt zu Ansprachen war.

Und so haben nicht alle, aber doch viele im Lauf der Zeit ihr Fett wegbekommen: Einzelne und Standesgruppen, die Neureichen, die Steuerbetrüger, die Hauptstädter, die Provinzler, die Architekten, die Berufsoffiziere, die Bürokraten, die Betriebswirte, die Pauschaltouristen, die chauvinistischen Sportfreunde, die Showmaster, die Rockfans, die Frauen (dazu später ein Wörtchen mehr) und natürlich alle möglichen Nachbarnationen und -kulturen. Es hat Zaubertrank-Doping bei den Olympischen Spielen gegeben, der Club Med ist in Form eines Knebelvertrags unter die phönizischen Kaufleute geraten (*Die Odyssee*) … und so weiter.

»Das Blöde an euch Römern ist«, schnaubt Obelix, »daß ihr weder zart noch romantisch seid! Und das Blöde an mir ist, daß ich so schüchtern bin!« (*Asterix als Legionär*, S. 10) Welch eine monumentale Irreführung. Wenn jemandem noch nicht auf die Füße getreten wurde, dann ist das (beinahe) reiner Zufall.

Patriotische Halbheiten

Respektiert *Asterix* wirklich nichts und niemanden? Das schwankt nach Tagesform. Ausdrückliche Bekenntnisse gibt es nicht, halbe Verbeugungen schon … mit einer geradezu postmodernen Lust daran, widersprüchliche Signale zu senden, noch ehe die Postmoderne offiziell erfunden war.

Mit dem Patriotismus selbst geht es los. So besonders subversiv waren die ersten Alben in dieser Hinsicht gar nicht: Die gallische Niederlage gegen Rom war und blieb unverdient, aber ruhmreich, und die naheliegende Lesart des frühen *Asterix* lautet, dass er scheibchenweise die Revanche dafür lieferte. Leichtes Stirnrunzeln kann schon in dieser Zeit aber aufkommen, wenn ein lautstarkes »Es lebe Vercingetorix!« ausgerechnet aus der Kehle eines alten Säufers klingt, der im Lauf von *Die goldene Sichel* immer mehr Probleme mit der Aussprache entwickelt (und für einen Freiheitskämpfer viel zu lernen hat, was Gefängnisausbrüche angeht: S. 27; 41–42). Die Heldentaten der Gallier vor Gergovia 52 v. Chr. – historisch gesprochen einer der wenigen herben Misserfolge Caesars (des richtigen, nicht des *Asterix*-Cäsar) – kehren zwar reflexhaft wieder, und der Ortsname erscheint sogar auf Meilensteinen (*Die goldene Sichel*, S. 23, ein Witz auf die mit Baustellen übersäte Route nationale 7, die permanent verstopfte Vorgängerin der heutigen Autobahnen zum Mittelmeer). Nicht so die gallische Katastrophe bei Alesia, die noch im selben Jahr stattfand … denn die hoben sich Goscinny & Uderzo für einen eigenen Band auf. *Asterix und der Arvernerschild* serviert eine ganze Serie gallischer Neurotiker, angefangen mit Majestix (S. 12: »Alesia? Ich kenne kein Alesia! Ich weiß nicht, wo Alesia liegt! Niemand weiß, wo Alesia liegt!«), und sie alle üben sich in pathologischer Geschichtsverdrängung. Mit geheuchelter Objektivität bemängeln die Autoren: »Durch diese Einstellung, die sich über Jahrhunderte erhalten hat, ist der Ort der gallischen Niederlage bis heute ziemlich mysteriös geblieben. Bedauernswerter Chauvinismus!« Alesia, ergänzt eine andere Fußnote, sollte davor warnen, »in Lokalpatriotismus zu machen« … (S. 19, vgl. S. 44) Der ganze Aufwand geht natürlich nicht um Alesia, dessen Lage in der Tat lange umstritten war; zwar hatte Napoleon III. höchstpersönlich auf Alise-Sainte-Reine gezeigt und dort hochoffizielle Ausgrabungen initiiert, doch endgültig abgeebbt ist der Widerstand zugunsten möglicher Konkurrenzorte erst im letzten Vierteljahrhundert. Bei der Überbelichtung von Heldentaten auf Kosten des Unrühmlichen ging es um eine andere Stadt, einen »Badeort, der bei Galliern und Römern gleichermaßen gut bekannt ist …« (S. 10). Nämlich Aquae Calidae, besser bekannt als Vichy, ab 1940 Sitz der (mehr als chauvinistischen) Kollaborateursregierung des Marschalls Pétain und damit Inbegriff der verschwiegenen Skelettsammlung im Schrank einer Zeit, die sich vollständig dem Mythos verschrieben hatte, praktisch ganz Frankreich sei in der Résistance vereint gewesen und alle Fälle von Verrat und Anpassung an die deutschen Invasoren seien längst geahndet. Bis diese Haltung offiziell revidiert werden sollte, vergingen noch Jahrzehnte; für 1967 (das Jahr des *Pilote*-Erstabdrucks) war das starker Tobak.

Gleich im nächsten Band, *Asterix bei den Olympischen Spielen* (deren neuzeitliches Imitat 1968 gerade wieder in Mexiko anstand), ging es, wenn möglich, noch boshafter zu: Unerwartet nutzte er die Gelegenheit, ein paar kleine Kommentare zum in Frankreich – wie in so vielen anderen europäischen Ländern … – liebgewordenen Selbstverständnis als Kulturnation abzugeben. Ein literarisch tätiger Senator der Kaiserzeit, Plinius der Jüngere, hielt es noch in den Jahren um 100 n. Chr. für nötig, seine durchkomponierte Briefsammlung um die Mahnung an einen Bekannten zu ergänzen, der als Statthalter nach Griechenland ging: Vibius Maximus möge nie seine Ehrfurcht davor vergessen, dass man dort »den Ursprung der Bildung, der Wissenschaften, sogar des Ackerbaus vermutet« (8,24). Etwas anders klingt die Ansprache des Majestix, kurz bevor die Gallier ihre Chartergaleere verlassen: »Also, Kinder! Wir sind hier als die Vertreter Galliens. Benehmt euch entsprechend. Wir wollen weder auffallen noch uns über die Eingeborenen lustig machen, auch wenn sie keine solche Kultur und keine solch glorreiche Vergangenheit haben wie wir.« (*Asterix bei den Olympischen Spielen*, S. 22) Die schlimmsten Befürchtungen werden natürlich wahr, der Lärmpegel in Athen und Olympia verdreifacht sich. Ähnliches passiert mit »Ruhe, Zurückhaltung und Achtung vor dem Gegner!« auf der Zuschauertribüne (S. 38); dieses Album hat uns, dem Sportpublikum, für alle Zeiten ein herrliches Arsenal an objektiven Gründen für Misserfolge hinterlassen: »Jawohl! Der Boden war viel zu hart!« »Und die Wildschweine haben irgendwelche Schweinereien zu essen bekommen!« (S. 47) Die ›Eingeborenen‹ tragen es mit so etwas wie Fassung …

Wie steht es aber mit dem – vor Asterix – vielleicht berühmtesten aller Franzosen? Jenseits der Landesgrenzen fällt die Bewunderung für Napoleon, soweit vorhanden, ja oft eher gemischt aus, mit einer Tendenz ins Mittel- bis Dunkelgraue. *Der Kampf der Häuptlinge* nahm den Napoleonmythos das erste Mal auf den Arm – ein verrückter Patient in der Praxis des Psychiatriedruiden Amnesix trägt 1800 Jahre zu früh einen Zweispitz (aus Fell!) und steckt in der berühmten Geste seine Hand ins Hemd – »Von dem weiß kein Mensch, wofür er sich hält«, kein Wunder! (S. 30) Massiv napoleonisch wird, wie gar nicht anders möglich, *Asterix auf Korsika*, was in der bejubelten Prophezeiung gipfelt: »Denn ein Kaiser, den die Korsen akzeptieren, muß Korse sein!« (S. 45) Das geht gegen Cäsar, versteht sich. Und ist, wie so viele Aussagen dieser doppelbödigen Serie, leicht irreführend, zumindest optisch: All die vielen Szenen, in denen der Imperator zu Pferde und mit einem Häufchen Adjutanten herantrabt, um ein Wort mit den aufsässigen Galliern zu reden, speisen sich aus den Formeln

der empirezeitlichen Schlachtengemälde; um kein Missver-
ständnis aufkommen zu lassen, zupft Cäsar einen Soldaten
seiner 10. Legion (»seiner alten Garde«: ein Anachronismus im
Text komplettiert den im Bild: *Asterix in Spanien*, S. 5) freund-
schaftlich am Ohr, eine Standardgeste des Kaisers.

Auch der eine oder andere Cäsar-Spruch könnte ohne
weiteres aus einer Ansprache oder einem Bulletin Napoleons
stammen ... und die Überlegenheit, die darin mitschwingt,
wird immer wieder wonnevoll demontiert. Zwei Seiten nach
der Inspektionsszene bekommt Cäsar zwei Kieselsteine an den
Kopf, woanders geht ihm der Lorbeerkranz (ein Lieblings-
motiv des Empirestils) vor Verwunderung hoch, oder er weiß
sich nur noch durch Brüllen zu helfen. Auch auf einem Thron
aus Porphyr, der – wie Gudrun Penndorf bemerkte – dem
Deckel von Napoleons Sarkophag im Invalidendom vertrackt
ähnelt, hat der bekannteste aller Römer schon gesessen (*Asterix und der Arvernerschild*, S. 17–18). Vielleicht weicher als im
Sattel während seiner ganz persönlichen Version der Schlacht
bei Waterloo, komplett mit beiden berühmten Zitaten, dem
offiziellen (»Die Garde stirbt, doch sie ergibt sich nicht!«) und
dem Hinweis auf das bekanntere (»Weißt du, was dir die Garde
sagt?« »Ja, ich weiß es!« Nämlich *Merde*.). Von Cäsars eigenen
Aussprüchen flüstert man sich zu, »daß seine Zitate auch nicht
mehr das sind ...« (S. 38). Wie auch, wenn er in der falschen
Schlacht gelandet ist?

Nationalhelden, die sich für Monumente eignen, sind eine späte Erfindung. Die Vercingetorix-Statue von Alise-Sainte-Reine – fertiggestellt 1865 – war ein besonders später Versuch Napoleons III., sein zunehmend labiles Kaiserreich als heroischen Wiederaufstieg eines mehrmals tragisch geschwächten Frankreich darzustellen, und eine weitere Episode im Tauziehen mit Liberalen, Altmonarchisten und republikanischen Nationalisten, ob der Name Bonaparte wirklich gleichbedeutend mit französischer Größe war.

Das Kreieren und Weiterentwickeln von Heldengestalten erinnert an Automodelle. Ohne Flügelhelm keine tabakschwangere »Liberté, toujours« und kein frecher kleiner Comicgallier – aber dieses Extra wurde erst an der Wende zum 20. Jahrhundert Teil der Marke Vercingetorix. Und die Chance ist hoch, dass es sich um eine Reaktion im patriotischen Rüstungswettlauf handelte: Flügel hatte damals nicht allein der heißgeliebte Adlerhelm Wilhelms II., sondern sie dräuten bereits auf dem Scheitel des Hermannsdenkmals bei Detmold, vollendet 1875.

Für die Statue von Alise arbeitete Aimé Millet, ein gefragter Monumentalbildhauer der Zeit, ein umfangreiches Programm ab. Gefordert war ein überlebensgroßer romantischer Held, keine archäologische Rekonstruktion, also schuf Millet eine Art Rübezahl-Gallier: Lange Haare, aber nicht so struppig wie auf den Münzen, sondern kapuzenartig fallend und wallend. Den Schnauzbart in Größe XXL – Comicleser wissen, wie stilbildend er wurde – hat Millet wohl aus einer späteren ›Urzeit‹ der französischen Geschichte entliehen, der frühfränkisch-merowingischen; Kelten in der griechischen Plastik tragen deutlich weniger Bartvolumen, schon aus praktischen Gründen – zu lästig beim Essen wie beim Kämpfen.

Die Wickelgamaschen sind (bitte nicht erschrecken!) gut germanisch. Zum Ausgleich stützt sich der Recke auf eine Waffe, die seit Generationen im Besitz der Familie Vercingetorix gewesen sein muss: ein bronzezeitliches Griffzungenschwert, mega-out und viel zu lang, um damit vernünftig lästige kleine Römer spalten zu können, gerade als Riese von 6,60 m Statuenhöhe. Den ›urigen‹ Gesamteindruck soll noch die nietenbesetzte Lederrüstung verstärken – in der herben Wirklichkeit trugen latènezeitliche Keltenfürsten völlig moderne Kettenpanzer. Wie übrigens auch die Römer … die Legionärsrüstung bei Goscinny & Uderzo mit ihren vielen blitzblanken Metallspangen ist eine *lorica segmentata* der Kaiserzeit und war anno Caesar noch gar nicht in Gebrauch. Aber das hat schon die Historienmaler des 19. Jahrhunderts nicht gestört, denn ›Kettenhemden‹ sind – künstlerisch-optisch gesehen – Mittelalter.

Das gallische Krieger-Ausstattungspaket aus *Asterix* ist seinerseits eine phantasiereiche Reaktion auf die Phantasiekelten der romantisch-nationalistischen Zeit. Rüstung und Waffen sind langweilig und militaristisch, also zückt das Dorf der Spinner nur alle paar Hefte einmal die Schwerter (mit den Jahren übrigens immer seltener) und geht die Römer immer nur in atmungsaktiver Alltagskleidung verprügeln. Die hautengen Comic-Hosen, über denen die Wohlstandsbäuche so schmuck vorstehen (die Fahrradhose, die analoge Effekte erzielt, war anno *Asterix der Gallier* noch kein Massenphänomen), sind nebenbei kein bisschen keltisch oder sonstwie antik – ordentliche Barbarenhosen jenseits der römischen Grenzen fielen

weit und schlottrig aus, also bewegungsfreundlich, nicht figur-
betont wie mittelalterliche Beinlinge.

Wo aber ist eigentlich der Häuptlingsschild geblieben?
Schilde sind unheroisch, weil defensiv. Deshalb zieren sie weder Millets tragisch Besiegten von 1865 noch die auf zeitgleiche
Konzepte zurückgehende Vercingetorix-Reiterstatue von 1903
in Clermont-Ferrand im schönen Arvernerland – eine Art Hu-
sarengeneral in vollem Galopp, dafür mit besagtem Flügelhelm … und zwar exakt vom Typ Majestix! (Die Vorlage: ein
Original aus der Bronzezeit, schon wieder.) Auf ihren Schilden

herumgetragen wurden Keltenfürsten sowieso nicht. Regelmäßig belegt ist der Brauch, einen neugewählten Anführer auf einen Schild zu setzen und dann auf die Schultern zu heben, erst unter spätantiken Germanenstämmen (mit einem einsamen älteren Beleg bei Tacitus). Aber nach der Zeremonie wurde wieder abgestiegen: Für den Transport auch schlankerer Häuptlinge waren metallbeschlagene Holzschilde, ob rund oder eckig, zu keiner Zeit ausgelegt.

Asterix bei den Germanen

Ob sich eine so hintergründige Sache überhaupt übersetzen lässt, ohne 90 % aller Anspielungen zu verpassen, ist – wie bei allen großen Würfen, die mit Sprache operieren – schon immer ein Thema gewesen, an dem Freundschaften zerbrechen konnten. *Astérix*, versicherten und versichern Frankreichkenner, sei einfach dermaßen typisch französisch, daran müsse jeder Vermittlungsversuch scheitern. Mit den schrägen Personennamen auf -ix und -us und immer so weiter geht das los, endet es aber noch lange nicht. Ein kleines Sachbeispiel: In *Asterix und die Normannen* (Erstdruck 1966, Album 1967) findet sich auch auf Deutsch »der Katalog der Wagen- und Waffenmanufaktur« (S. 5). Man kann ahnen, dass es um einen Versandhauskatalog à la Neckermann, Otto oder Quelle gehen muss. Nur erschließt sich daraus nicht die Bedeutung der hier persiflierten Manufrance (*Manufacture française d'armes et cycles*), einer wahren Institution, von der in den 1960ern und -70ern das ländliche Frankreich seine Jagdgewehre, Fahrräder, Angelruten und Wanduhren bezog. Die Aura spießiger Rückschrittlichkeit könnte nicht stärker sein, und alle Vorurteile zwischen Paris und Provinz, die mit in die *Normannen*-Handlung gepackt werden, sind von der ersten Zeile an in diesem Markensymbol präsent. Sollte das überhaupt übersetzt werden?

Oder, um eine besonders gemeine Passage aus *Asterix bei den Olympischen Spielen* zu bemühen, den Einzug der Athleten (S. 38): Durch die »siegessicheren Samothraker« schimmert die Statue der Nike (französisch schlicht *Victoire*) von Samothrake noch durch, aber dann: »die aus Milo sind auch da«, im Original *venus*, schon haben wir den Kalauer zur Venus von Milo (und die nächste berühmte Statue); »die aus Kythera sind soeben gelandet« verdeckt gemeinerweise die berühmte *Einschiffung nach Kythera*, das Gemälde von Watteau (*Pèlerinage à l'île de Cythère*) und die aus Kythera müssten sich eigentlich »ausgeschifft« haben; »die aus Mazedonien (*Macédoine*) sind ein gemischter Haufen« (*macédoine* heißt »Obstsalat«) ... ach, es war zum Verzweifeln und Lauwarme-Cervisia-Trinken.

Trotzdem, es musste versucht werden. In einem Zeitalter, da scheinbar jeder Zwanzigjährige mit etwas Selbstachtung Chansons hörte, Sartre las, schwarze Pullover trug und schwarze Lungen vom Gauloises-Rauchen bekam, konnte die Einbürgerung ins zusehends junge, weltoffene Deutschland doch eigentlich nur gelingen.

Sie kennen kein Pardon

Nur gab es da einige kleine Probleme. Der hierzulande am flüchtigsten gelesene Band ist definitiv *Asterix und die Goten*, und das hat seine Gründe ... denn die erste all der vielen Reisegeschichten ins Ausland lässt genau das vermissen, weswegen *Asterix bei den Briten* später zum großen Liebling wurde: das Spiel mit liebenswürdigen Überdrehtheiten, den *culture clash* um lauwarmes Bier und eiskalten Rotwein, den Wortwitz bis in die Satzstellung, wohlwollende Zitate in Wort und Bild aus Geschichte und Gegenwart des jeweiligen ›Gastlandes‹. Sogar die Furchtlosigkeit der blutrünstigen Normannen mit ihren grausamen Göttern, die acht Jahrhunderte zu früh Wikinger spielen kommen, löst sich dank ständiger Überforderung in einen guten Spaß auf … und dennoch schickten Goscinny & Uderzo den verhinderten Invasoren aus *Asterix und die Normannen* Jahre später die reisetüchtigen Weltentdecker aus *Die große Überfahrt* hinterher, die ihren Hauptspaß an Prügeleien statt am Sammeln feindlicher Schädel haben. Eine Art Ehrenrettung, ausgleichshalber.

Wo ist das komisch-erlösende Moment an den Goten? Ihre Ordnungswut stiftet ultimatives Chaos – das war es aber auch schon. »Goten« statt »Germanen« schlechthin, das klingt ja an sich ganz nett … solange man nicht weiß, dass »ostrogoth« im Kultur-Französischen der Zeit nach wie vor das Etikett für »Barbar« schlechthin war, dass um den Krieg von 1870/71 herum der Gotenvergleich für die »boches« beliebt war, noch ehe vor und mit 1914 die Hunnen zu der zweifelhaften Ehre kamen. Alphonse Daudet etwa verlieh in der Erzählung »Le prussien de Bélisaire«, seit 1879 Teil seiner Sammlung *Contes du lundi*, einem Pariser Schreiner, der einen deutschen Soldaten ziemlich heimtückisch massakriert, beifällig den Namen des spätantiken Ostgotenbezwingers.

Die *Asterix*-Goten tragen reichlich zottige Pelze und Nieten- oder Stachelgürtel, keine Uniform … wirklich keine? Da wären noch diese vielsagenden Einheitshelme, lauter Pickelhauben mit Siegfried-Hörnern – obwohl man sich streiten kann, ob die Form in jene Richtung geht, eins steht fest: dunkelgrün wie ein Wehrmachtsstahlhelm ist das gute Stück. Man

spricht in Fraktur (genau deswegen ist *Asterix und die Goten*
dem Normaldeutschen von heute häufig zu viel Lesearbeit)
und pflegt den Stechschritt, voran ein Offizier mit Stöckchen.
Cholerik, der Gotenchef, ist noch schnauzbärtiger als die anderen und hat einen Vollbart dazu, alles weiß, und nachdem
er bei einem Staatsstreich seinen Helm verloren hat, zeigt er
einen oben markant eckigen Kahlschädel – wer mag, kann ihn
problemlos in die Familie Hindenburg sortieren. Auf Schritt
und Tritt wird im Gotenland geviertelt; die Präsidentenloge
der dafür vorgesehenen Arena ziert eine Fahne: weißer Kreis
auf rotem Grund, darin ein schwarzes Adlertier (S. 39; das

- Schlimmer ergeht es nur **Verleihnix**, dem Fischhändler (auf Deutsch so benannt nach seinem ersten Auftritt in *Asterix in Spanien*, wo er sich weigert, Fische auszuborgen). Sein Name *Ordralfabétix* (*ordre alphabétique*, »in alphabetischer Reihenfolge«) erweckt den trügerischen Anschein, alles sei wohlgeordnet bei ihm; überdeutlich ist *Epidemix* (USA) respektive *Unhygienix* (Großbritannien). »Die Leute geben so wenig acht. Sie bringen die Fische in einem Zustand zurück ...!«, klagt seine Gattin Jellosubmarine, englisch *Bacteria* (*Asterix in Spanien*, S. 23).
- Sein Freundfeind **Automatix**, der Schmied, heißt international fast überall so oder ähnlich – die serbische Version spendiert ihm das klangvollere *Metalloplastiks*.
- **Gutemine** schließlich, die Frau hinter dem Häuptlingsschild, mutiert auf britisch zu *Impedimenta*. Nur ein »Klotz am Bein«? »Ouuuh! Schockierend! Das sind keine Gentlemen!« (*Asterix bei den Briten*, S. 8)

Hakenkreuz erscheint in deutschen Ausgaben höchstens in Fluch-Sprechblasen, wenn überhaupt). Wobei die gotische Ingenieurskunst »einen Schnellkochtopf« als Abwechslung erfunden hat (S. 40). Und sie wollen alle, ausnahmslos alle, herrschen und jeden anderen unterwerfen.

Beendet wird die gotische Gefahr auf vordergründig amüsante Art und Weise: Zaubertrank für alle erlaubt es einem ganzen Rudel Möchtegern-Chefs, sich immer reihum zu vermöbeln. Natürlich in Begleitung unübersehbarer Anhängerschaften, die in Marschkolonnen mit Politikerbildern zu einem aggressiven Gewimmel verschmelzen. »Sie werden sich noch jahrhundertelang bekämpfen ...«, verspricht Miraculix weise (S. 44). »Und so kommen sie nicht auf die Idee, ihre Nachbarn anzugreifen.« Das lässt sich nun – für *Asterix* ein völliger Ausrutscher – unmittelbar in eine Botschaft für hier und heute, das Jahr 1963 (oder 1961–62, als die Serie im *Pilote* erschien), übersetzen: Ein uneiniges, politisch gespaltenes Deutschland garantiert den Frieden in Europa. Zur Erscheinungszeit war das in Frankreich völlig konsensfähig, während es in der Bundesrepublik Ängste aus den ersten Nachkriegsjahren wieder aufrütteln konnte ... wenn nicht gar Futter für eine alte Behauptung des deutschen Nationalismus liefern, vom Dreißigjährigen Krieg über den Rheinbund bis zu nachdrücklichen Aufteilungsvorschlägen nach 1945 hätten »die« Franzosen es stets auf Deutschland abgesehen gehabt. Die umgekehrten Ängste (die noch 1989/90 wieder akut werden sollten) verschwanden dahinter.

Der Zeitpunkt, diese Ängste heraufzubeschwören, ist pikant: man befand sich auf dem Weg zum Élysée-Vertrag vom 22. Januar 1963, der aus der deutsch-französischen Aussöhnung eine permanente Zusammenarbeit und (rückblickend) die Anfänge einer für Europa wegweisenden Freundschaft machte. Skepsis gegenüber der neuen Richtung war durchaus verbreitet.

Dem Autorenduo dürfte wenig später leicht peinlich gewesen sein, was es da – unwiderruflich – zu Protokoll gegeben hatte. Von einer Idee, *Asterix und die Goten* zu verfilmen, hat man nie gehört. *Asterix als Legionär* von 1967 (deutsch 1971), ein kleines Loblied auf die internationale Zusammenarbeit, zeigt zwei gotische Rekruten auf dem Weg in Cäsars Armee – nur einer schafft es –, und beide tragen keine Hörner-Pickelhauben (anders als 1972 ein gotischer Tourist im Circus Maxi-

mus gleich auf der ersten Seite von *Die Lorbeeren des Cäsar*).
Besonders blutrünstig sind sie auch nicht mehr, die diszipli-
nierten Barbaren. Allerdings: Der Geist war aus der Flasche.

Moralische Aufrüstung
und kleine nachbarschaftliche Bosheiten

Was immer man Goscinny & Uderzo in ihrer Frühzeit an An-
tigermanismus vorwerfen kann, die Rache war unverdient
fürchterlich. Unter Asterix-Begeisterten ist, was man als Kauka-Affäre bezeichnen kann, bis heute ein Anlass zu nachtra-
gender Empörung; jedenfalls könnte sie ihren Teil dazu beigetragen haben, die Väter von *Asterix* erst in ihrem Misstrauen
gegenüber germanischem Furor zu bestätigen, dann tief ins
Lager der Widersacher diverser Chauvinismen zu treiben …
mit der Zeit.

Rolf Kauka war in der jungen Bundesrepublik Deutschland
die personifizierte deutsche Comiclandschaft jenseits von Disney – jedenfalls für die unter 10-Jährigen. Sein publizistisches
Flaggschiff, das als *Fix und Foxi* bekannt werden sollte, gab es
schon seit 1953; die Comiczeitschrift war auf ihre Art ein sehr
mehrdeutiges Produkt der Adenauer-Ära. Wie üblich reichte
die Produktion der hauseigenen Zeichner bei weitem nicht,
um die Seiten zu füllen; also kaufte Kauka international ein,
vor allem aus Frankreich und Belgien, den Gelobten Ländern
der *bande dessinée*. Ab 1965 kamen erste *Asterix*-Geschichten
auf Deutsch im Magazin *Lupo* heraus … und waren nicht wie-
derzuerkennen.

Massive bis brutale Freiheiten bei Übersetzungen von
Comics und Jugendliteratur waren und blieben noch lange an

der Tagesordnung. (Man vergleiche nur die Mutationen des englischen Internatspersonals rund um Patricia und Isabel O'Sullivan in St. Clare's bei Enid Blyton zur eingedeutschten Besetzung im Lindenhof von *Hanni und Nanni*, und noch heute ist Astrid Lindgrens *Madicken* im deutschsprachigen Raum aus offensichtlichen Motiven eine *Madita*.) Aber Kaukas Umarbeitung näherte sich einer Totalzerstörung: der schlaue kleine Siggi (wie -fried) und der große starke Babarras aus dem Dorf Bon(n)halla, regiert vom Häuptling Hein Mark (wohl der Währung zuliebe), knebelten den Barden Parlame(n)t – anscheinend Kaukas Wunschtraum von einem ordentlichen Staat – und verprügelten Amideutsch sprechende römische Besatzer. Es wurde in Richtung DDR polemisiert. Es wurde der steintragende Babarras gefragt: »Mußt du denn ewig diesen Schuldkomplex mit dir rumschleppen?« Es gab, passend zum vorgeschlagenen Strich unter die Vergangenheit, in der Siggi-Variante der *Goldenen Sichel* laut Text plötzlich einen geldgierig-kriminellen jüdischen Händler. René Goscinny, selbst in Buenos Aires aufgewachsen, war erstens der Enkel eines Rabbiners, zweitens waren mehrere seiner in Europa gebliebenen Verwandten ermordet worden.

Die Reaktionen der Autoren waren voraussehbar entsetzt bis angewidert; mit den folgenden Bänden wurde es trotz Protesten und Abmahnungen nicht besser. Kauka machte, was ihm passte. Im ohnehin heiklen *Asterix und die Goten*, jetzt *Siggi bei den Ostgoten*, mutierten Letztere, wie kaum noch anders zu erwarten, zu einem antikapitalistischen Stoßtrupp im Dienst Walter Ulbrichts ... und sicher doch, sie sächselten (wie der Geburt nach auch ein gewisser Rolf Kauka). Wie seltsam, dass laut Original klar und deutlich *West*goten den Druiden verschleppen, der auf Deutsch noch nicht

Miraculix hieß, sondern »Konradin« wie Adenauer, und – bitte lachen – zu einem Parteitag unterwegs war. Unterwegs müssen sie sich lediglich einmal mit einer ostgotischen Transitkontrolle wegen Zollproblemen prügeln – denn Ost- oder Westgoten, für echte Gallier ist das alles dieselbe Bagage, und allesamt im Osten sitzen sie außerdem (was Obelix nachhaltig überfordert).

Genug war genug; Autoren und Originalverlag zogen die Notbremse. Kauka kam 1966 die Lizenz abhanden, nur nicht seine Dreistigkeit. Klagen in allen Instanzen gegen die Vertragskündigung verlor er; 1967 lief daraufhin ein äußerst durchsichtiger *Asterix*-Klon namens *Fritze Blitz und Dunnerkiel* an, der so unterhaltsam gewesen sein muss wie der Titel. Eine Rückänderung in *Siggi und Babarras*, germanentümelnde Personalerweiterungen und intensive ›Anleihen‹ der Handlung bei den weiteren *Asterix*-Bänden konnten das Produkt nicht schöner machen. Nach 1969 gab Kauka das Rennen auf und setzte dem Elend im Mehrfarbdruck ein Ende. Seinen schlechten Ruf hatte er sicher.

Anfang einer Erbfeindschaft?

Und das hätte es mit dem deutschsprachigen *Asterix* dann auch gewesen sein können. Wie sollte Obelix lange nach der Wendung zum Guten brüllen: »Kein Mensch hat uns je gelesen, und uns wird auch keiner lesen!!!« (*Der Seher,* S. 11) Dargaud und die Autoren waren gebrannte Kinder, was diese spezielle Adaption anging. Der »hässliche Gote« war zwar aus der Handlung verschwunden, aber gemischte Gefühle in Sachen Deutschland hatten sich noch in einem anderen Abenteuer niedergeschlagen, der für deutsche Augen eigentlich unverdächtigen *Tour de France* (im Kauka-Jahr 1965 erschienen als *Le Tour de Gaule d'Astérix*). Angespielt wurde nicht nur auf den Radsport, sondern auch auf so etwas wie den *Nils Holgersson* der französischen Jugendliteratur, Augustine Fouillées 1877 erschienenes Lesebuch *Le Tour de la France par deux enfants*, die Reise zweier kindlicher Opfer der deutschen Annexion Elsass-Lothringens quer durch ein großes, geeintes Frankreich, auf der (wie im Comic) die örtlichen Spezialitäten eine tragende Rolle spielen. Zeitlich nähere Erinnerungen kommen ebenso zu Wort. In Lugdunum (Lyon) greift die lokale Widerstandsbewegung ein und führt die römischen Verfolger in die Irre; Lyon schmückt sich bis heute mit de Gaulles Kompliment, »Hauptstadt der Résistance« gewesen zu sein. Ähnlich widerstandsfreudig zeigte sich die – daraufhin von Wehrmacht und Waffen-SS zu weiten Teilen demolierte – Altstadt von Marseille, und auch dort hält in *Tour de France* eine Barbelegschaft prompt die Straße gegen einen römischen Suchtrupp. In Burdigala (Bordeaux) sorgen die Gallier für einen Aufstand gegen die römische Besatzung auf der Place des Quinconces – Sitz der deutschen Hafenkommandantur von 1940 bis 1944. Kollaborateure bedrohen Asterix und Obelix zweimal, in Agin(n)um (Agen) sowie in einem Waldstück westlich von Divodurum (Metz). Die Römer agieren in diesem Band zwar ebenso hilflos und überfordert wie immer, aber nie wieder ist ihre Präsenz als ungeliebte Okkupation derart in den Vordergrund gestellt worden.

Eine kleine, dauerhafte Veränderung ist vielleicht besonders bezeichnend: In früheren Bänden herrscht große Farbenvielfalt auf den Tuniken der Legionäre; *Asterix als Gladiator*, der unmittelbare Vorgänger, zeigt auf den wenigen Bildern im militärischen Milieu teils rote, teils dunkelgrüne ›Waffen-röcke‹ … *Tour de France* aber führt einheitlich die lindgrüne Legionärs-»Uniform« ein, die seitdem aus *Asterix* – einem Comic vorwiegend ungebrochener, leuchtender Farbtöne – nicht mehr wegzudenken ist. Ganz ohne Zusammenhang zu jenem speziellen Graugrün, das offiziell »Feldgrau« hieß, war diese Farbwahl in diesem Heft wohl nicht. Exaktes Nach-mischen wäre dem Zeichner Uderzo nebenbei nicht leicht-gefallen: er ist Träger eines klassischen ›Männerleidens‹, einer Rot-Grün-Sehschwäche.

»Er ist entfesselt!«

Ausgerechnet Walt Disney leistete indirekt einen Beitrag, um aus *Asterix* doch noch eine deutsch-französische Freundschaft werden zu lassen. Ehapa, der deutsche Ableger des dänischen Verlages Egmont, hatte Disneys Comics ins Land gebracht, erst als die sprichwörtlichen »Heftchen«, mit denen man damals die Comics identifizierte, und dann auch in Taschenbuchform. Wie erfolgreich und expansiv Ehapa damit in Deutschland war, blieb nicht unbemerkt – und wie seriös mit dem Original umgegangen wurde, ebenfalls.

Über Erika Fuchs und ihre sprachprägende Rolle für das Disney-Publikum sind Abhandlungen geschrieben worden; zu der Zeit, als sich Rolf Kauka die *Asterix*-Lizenz verscherzte, arbeitete jedoch auch schon eine Romanistin namens Gudrun Penndorf Ehapa-Aufträge ab, weil die »Lustigen Taschenbü-cher« ohne italienische Zeichner und Texter völlig undenkbar waren. Unerwartet erhielt sie eine Anfrage wegen einer fran-zösischen Vorlage, etwas ganz Neuem: Der *Asterix*-Stamm-

Gudrun Penndorf neben einer überdimensionalen Asterixfigur. Die Aufnahme entstand 2011 beim 9. Internationalen Asterix-Fantreffen in Haltern am See.

verlag Dargaud hatte sich entschieden, dem Ehapa-Geschäftsführer Adolf Kabatek die Lizenz zu offerieren. Penndorf setzte sich an ein Probestück, das kritischer begutachtet wurde, als sie ahnen konnte. René Goscinny, gebranntes Kind nach der Kauka-Affäre, ließ die Übersetzerin nicht nur zu einer ›Audienz‹ nach Paris kommen, er machte auch die Gegenprobe: Der neue deutsche Text von *Asterix der Gallier* (nur wenige Namen durften modifiziert werden, und auch das kostete harte Verhandlungen) wurde ins Französische rückübertragen, anschließend prüfte Goscinny, ob das Ergebnis noch an seine eigene Arbeit erinnerte.

Die Erleichterung war allseits enorm. Nicht, als wären die

Vorsichtsmaßnahmen so schnell außer Kraft gesetzt worden (von *Asterix und Kleopatra* etwa entstanden auf Autorenbedenken hin gleich zwei Übersetzungen und es blieb noch einige Bände lang bei teils rätselhaften Eigennamen, wo zündende Witze hätten stehen können), aber der zweite Anlauf konnte beginnen. So wurde *Asterix* in Deutschland ein Kind des Jahres 1968 … was für die Wahrnehmung eine Menge veränderte.

In dieser Verspätung – inzwischen gab es sogar schon den ersten Zeichentrickfilm von wackliger Qualität – lag bereits ein wichtiges Stück des (unbeabsichtigten) Erfolgsrezepts. Beim Start hatten die Autoren gar nicht daran gedacht, einem aufsässigen Zeitgeist vorzuarbeiten. Jetzt platzte der deutsche *Asterix* mitten in eine Jugendrebellion, noch dazu vom bewunderten Frankreich her, das in Sachen Trotz gegen den Staat ebenso vorbildlich war wie in Musikfragen oder Träumen von erotischer Freizügigkeit. Immerhin proklamierte schon das allererste Abenteuer: »Frechheit siegt!« (S. 28) Außerdem flogen da richtig die Fetzen, zog die phantasielose Groß- und Staatsmacht zuverlässig den Kürzeren, wurden Autoritätspersonen demontiert … und es war ein Widerstand, der witziger als die meisten Programmdebatten und tiefernsten Gespräche über den freien Menschen von morgen war. Besser noch, er blieb siegreich, als die Revolte sich schon wieder in Alltag verwandelt hatte, und unschuldig, als die enttäuschtesten 68er die Gewalt zum Programm erhoben.

Durch eine Verkettung glücklicher, doch etwas absurder Umstände kamen aber nicht nur aufmüpfige Schüler, Studenten und Frisch-Erwachsene auf ihre Kosten – auch die konservative Gegenseite blätterte erst misstrauisch, dann zusehends begeistert in *Asterix*. Besorgte Eltern und argwöhnische Lehrer fanden statt der erwarteten ›Schundliteratur‹, wer hätte das gedacht, klassisches Bildungsgut, wenn auch stark umfunktioniert. Lateinische Zitate! Eine Handlung in der Antike! Sprechblasen, gefüllt mit ganzen, sprachlich korrekten Sätzen! Und es gab – der Traum eines Studienrats wurde wahr – sogar Fußnoten mit Übersetzungen, von denen fast jede goldrichtig war. Zum didaktischen Einsatz im Französisch-, ja sogar Lateinunterricht, je nachdem nicht ungeeignet … das Establishment griff nach dem Comic und amüsierte sich nicht schlecht über die kleinen romkritischen Respektlosigkeiten (denn siehe da, nicht alle waren sie autoritäre Monster). Dass ziemlich viele Gegenwartsbezüge eingebaut waren, sprach sich bald herum, und wer die Prügeleien nicht mochte, blätterte darüber hinweg. Wie gut, dass Gudrun Penndorf eine Idee literarischer verfuhr als im Original (selbst für die Redebeiträge des ursprünglich eher saloppen Obelix) und jenen kleinen Extraservice eingefügt hatte, den es in der Originalausgabe eben nicht gab, wo die Lateinzitate unübersetzt im sprachverwandten Text schwammen. Geduldig erklärte die Deutsche wieder und wieder die Cervisia als »Vorläufer des Biers im Altertum«.

Zunächst schleppte sie noch die Last der unveränderlichen Originalnamen mit sich herum. An »Petilarus« und »Excus« (*Tour de France*, S. 17) ist für unsereinen rein gar nichts komisch; hinter dem einen Legionärsnamen ist *excuse* vielleicht noch zu ahnen, aber auf den *Petit Larousse*, das Lexikon, dem Goscinny & Uderzo viele Wissensbröckchen verdanken, kommt man kaum. Für Marcus Sacapus, den schneidigen Adjutanten des Gaius Bonus (*Asterix der Gallier*, S. 9) gilt dasselbe: *sac à puces*, »Sack Flöhe«, ist wie unser »Flohtransporter« eine tendenziell zärtliche Beleidigung für Hund und Katz.

Solche Geniestreiche konnten meist nur die Französischlehrer bewundern, insbesondere als die Lizenz zum Namenverändern endlich erteilt war. Der große Moment jedes Übersetzers kommt, wenn ein Sprachwitz nicht 1 : 1 wiederzugeben ist, ein glücklicher Einfall aber etwas Äquivalentes liefert, und je analoger dem Original, desto besser. Die blondmähnige Falbala in *Asterix als Legionär* etwa ist die Tochter von Plantaquatix. *Plante aquatique*, Wasserpflanze, sehr schön. Wasserpflanzix? (Geht so.) Aquaristix? (Wir haben schon das Lager Aquarium.) Aber mit etwas Wortverdrehen ... »Quantaplanckix« ist schlicht genial, bringt den Urheber der Quantentheorie mit seiner Entdeckung zusammmen, und wer weiß, wie der Originalname lautete, hat seine helle Freude. Eine Verneigung vor Georg Kreisler ist »Gehn wir Tauben rupfen im Schiff ...« (*Asterix auf Korsika*, S. 19), so wie der Admiral Cétinconsensus (»Darin besteht Einigkeit«, *Obelix auf Kreuzfahrt*) in der Nach-Penndorf-Zeit mal als *Gracchus*, mal – mit schönen Grüßen von Theodor Storm – als *Aquis Submersus* den Rhein überquerte (S. 6, vgl. S. 5 und 11).

Schon klassisch geworden ist ein eher später großer Wurf in *Obelix GmbH & Co. KG*. Dort schmiedet der gelangweilt-affektierte Caius Saugrenus (mit den Gesichtszügen Jacques Chiracs) den diabolischen Plan, die Gallier durch Konsumkapitalismus zu ruinieren. »Technokratus« war eine solide Penndorf'sche Übersetzung (»Hirnverbranntus« oder »Abgeschmacktus« käme dem Original näher, griffig wäre das alles nicht gewesen). Saugrenus ist Absolvent der École Nouvelle d'Affranchis, der »Neuen Schule für Freigelassene«. Sofort dekodierbar als Travestie der ENA, der staatlichen Kaderschmiede Frankreichs für Führungskräfte, die von Selbstbewusstsein traditionell strotzen und eine glänzende Karriere praktisch in der Tasche haben. Ein deutsches Pendant fehlte – ein analoger Fall von überprivilegiertem Selbstgefühl auch? Mit dem Wirt-

Asterix bringt die Welt in Ordnung

Dass ›alle‹ Schotten ohne ein *M(a)c* nicht komplett sind, das war ja schon immer bekannt. Ansonsten aber hat nichts so sehr mit der verwirrenden Vielfalt internationaler Vor- und Nachnamen aufgeräumt und uns vor peinlichem Rätselraten gerettet wie die erstaunlichste Serie des Universums:

◆ Alle Gallier enden zuverlässig auf -ix, das ist bekannt, zum Beispiel der Wächterdruide **Parabolix** (*Der Papyrus des Cäsar*, S. 25), der eigentlich brandaktuell *Gasdechix* heißt, lies *Gaz de schiste*, »Schiefergas«. Für verwandte Nachbarvölker, wie Irland, gilt dasselbe. Beispiel: der Hiberner **O'Teefürzweifix** (*Asterix bei den Briten*, S. 7; original *O'torinolaringologix* ... richtig, ein Otorhinolaryngologe ist ein Hals-Nasen-Ohren-Arzt). Ursprünglich auch die Schweizer: der helvetische **Seewirt**, ein abgebrochener Riese (*Asterix bei den Schweizern*, S. 28), firmiert von Hause aus als *Petitsuix*. Weil aber *Petit-suisse* nicht nur wörtlich »der kleine Schweizer« ist, sondern eine normannische Sorte Frischkäse, war die Mehrdeutigkeit nicht zu retten. Umlernen musste außer dem Wirt auch der Bankier *Zurix* (wie in »die Gnome von Zürich«, obwohl beide in Genf wohnen) – ein Glücksgriff machte aus ihm **Vreneli**, was zwar eigentlich ein Mädchen-Kosename ist, aber eben auch der für die gern gehortete 20-Goldfranken-Münze.

◆ Die Griechen laufen auf -os, zum Beispiel **Militaros** in *Asterix als Legionär*, auf Französisch *Plazadetoros* (das kommt mir spanisch vor). Für den Vorsitzenden des Olympischen Senats jedoch, **Trauerklos** (*Asterix bei den Olympischen Spielen*, S. 41), gibt es mit einer Verneigung vor Athens großem Redner Demosthenes die Spezialkreation *Croquemithène* (und *croque-mitaine* ist ein Kinderschreck oder Buhmann).

◆ Verfrühte Wikinger finden wir in *Die große Überfahrt* unter -sen einsortiert, bis hin zur dänischen Riesendogge, pardon, -dogge **Møpsen** (original *Zøødvincen*, lies, *Zoo de Vincennes*, der Pariser Tierpark). Ihr Herrchen **Erik** ist eigentlich *Kerøsen*, aber weil er auf Deutsch eben *Kerøsin* hieße, war das nicht møglich.

◆ Berühmter sind die Ägypter auf -is; der Kapitän **Abstosis**, der im Deutschen ganz vom Ablegevorgang lebt (*Asterix und Kleopatra*, S. 9), heißt in der Sprache der Liebe viel romantischer *Tumehéris* (*tu me hérisses*, »du machst mir Gänsehaut«). Vielleicht friert er aber auch nur im gallischen Schneegestöber?

◆ Einen Ehrenplatz verdienen die Inder, obwohl sie erst Uderzo in die Handlung einführte und leicht monoton mit lauter getarnten Fragesätzen etikettierte, denn sie mausern sich zu wahren Paradiesvögeln: Aus *Cékouhaça* (*C'est quoi, ça?*; »Was ist das denn?«), Radscha eines dürregeplagten Reiches, wurde **Nihamavasah**, der Schurkengehilfe *Mercikhi* (*Merci, qui?*; »Und *wem* sagen wir dafür Dankeschön?«) mauserte sich zu *Schandadh*, die Krone aber gebührt dem hilfreichen Elefantentrainer – vormals ein halblauter *Pourkoipàh* (»Warum denn nicht?«), jetzt ein klangvoller **Washupdah**.

schaftsteil eines hochangesehenen Blattes im (klugen) Kopf, der sich gern Meinungsduelle sogar mit der eigenen konservativen Politik und der vergleichsweise liberalen Feuilletonredaktion liefert, kreierte Gudrun Penndorf die »Fachschule für Angewandte Zeitkritik«. Der »Enarchen«-Hang, alles zentral regeln zu wollen, war bereits im Namen Technokratus mitverpackt ... und so hatte die Übersetzerin wieder einmal das unerwartet Mögliche geschafft.

Lange, lange vorher begann sie die Sprache zu verändern. »Die spinnen, die Römer!« bahnte sich seinen Weg in den Alltagswortschatz. Ebenso – als Zwischenruf – »Nein, du wirst nicht singen, Troubadix!«, gelegentlich sogar »Beim Teutates!« (»Ich bin nicht dick!«, noch ein Obelix-Klassiker, wurde zwar geläufig, aber wer sagt das schon gern von sich?) oder das entsetzte »Die Ga... die Gaga...«. Was ein Hinkelstein war, hatten vorher nur ein paar Dialektsprecher gewusst, jetzt erschien das gute Stück als Autoaufkleber. Und – o Freude der Lateinlehrer – sogar ein gelegentliches *Veni vidi vici* war zu hören. Die verdrehten Sätze aus *Asterix und die Briten* waren eine eher kurzlebige Modewelle, aber »Behaltet eine steife Oberlippe« erwies sich als erstaunlich zäh. Das alles reichte aber nicht heran an die Redewendung vom »kleinen, unbeugsamen gallischen Dorf«, und jede Sache, wegen der in den kommenden Jahrzehnten demonstriert, protestiert, debattiert wurde, endete irgendwann mit dieser Anleihe – gern auch komplettiert um ein paar illegal nachgezeichnete *Asterix*-Figuren auf einem spirituskopierten Flugblatt oder in der Schülerzeitung.

Was die Begeisterung allein nicht schaffte, dafür sorgte die Werbung – und sie hatte auch die (tatsächlich oder vermeintlich) noch zu Kleinen im Blick. Eine Geschichte namens »Idefix und der Clownfisch« etwa, Teil einer in Frankreich kreierten

Idéfix-Serie speziell für Jahrgänge, die mit dem Hündchen mehr anfangen konnten als mit Satire und Fischen als Nahkampfwaffe, konnte man Mitte der Siebziger an einem völlig unwahrscheinlichen Ort finden: in *Bussi Bär*, dem Kindermagazin des Gallier-»Schänders« Rolf Kauka (s. S. 30 f.) – dessen mediale Reichweite war zu praktisch, wenn die Fünf- bis Siebenjährigen mit in die ›Gemeinde‹ sollten. Im handlichen »Pixi-Buch-Format« druckte der altehrwürdige Pestalozzi-Verlag etwa gleichzeitig eine Serie unkomplizierter Minigeschichten mit Zusatztext unter den Bildern, die aus den großen Alben ausgekoppelt waren: harmlose Schrullen, Streit und Versöhnung, alles mit einem guten Ende, ganz wie im richtigen Abenteuer.

Alle Details mitzubekommen ist schier unmöglich, zugegeben. Offensichtlich ist das aber auch gar nicht nötig, um hingerissen zu sein. *Running gags* wie die durchs Bild trabenden Hühner oder die zum Scheitern verdammten Versuche frisch zerbeulter Römer, sich in Würde vom Ort ihrer Niederlage zu entfernen, wirken so gut wie unabhängig von der Sprache. Manche inhaltliche Pointe entschlüsselt sich mit der Zeit ja doch, ohne dass man französische Landeskunde studiert haben muss: Als Asterix gegen den versoffenen Veteranen Keinentschluss ausnahmsweise das Schwert zieht (*Das Geschenk Cäsars*, S. 31), ist die Anspielung auf die Zorro-Filme unverkennbar, aber das deutsche Publikum der ersten Jahre musste sich fragen, weswegen Asterix eine Beleidigung seiner Nase denn unbedingt mit Gereimtem quittieren muss. Wer sich 1990 zu *Cyrano de Bergerac* ins Kino verirrte, war in dieser Frage schlauer; Edmond Rostands 1897 uraufgeführtes Stück ist eins der bekanntesten französischen Dramen überhaupt, insofern gab es beim Lesen des Originalalbums wenig zu raten.

Zahlenspiele

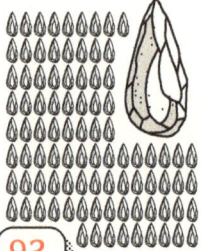

93
Hinkelsteine (mind.) stapeln sich infolge römischer Einkaufspolitik in Cäsars Palast.

29
Dialekte des Deutschen sind in der »Mundart«-Übersetzungsreihe nach deren eigener Definition vertreten.

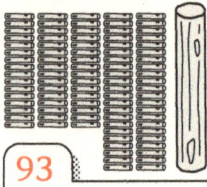

93
Eichenstämme aus dem Dorfwald sammeln sich im Lager Aquarium an, nur der Wald ist deswegen nicht lichter geworden.

22
leere weggeworfene Amphoren angelt ein Opfer antiker Umweltverschmutzung aus der Sequana (= Seine).

29401
ist die Katalognummer des Asteroiden Asterix, der 1996 entdeckt wurde.

393
Millionen *Asterix*-Hefte wurden bis 2022 weltweit verkauft.

117
In so vielen Sprachen und Dialekten liegen *Asterix*-Übersetzungen vor.

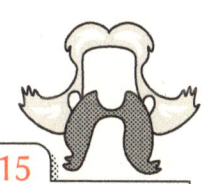

15

Punkte bekommt, wer
in Kleinbonum einen
Bärtigen sieht.

14

Wildschweine sind ein
Dutzend.

8

Phasen wechselnder
Gesichtsfarben
durchläuft, wer ein
pikantes gallisches
Spezialragout probiert.

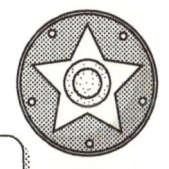

5

Zacken hat der Stern
auf dem traditions-
reichen blau-weißen
Häuptlingsschild des
Majestix.

4

Römerlager rund um
das Dorf der Spinn...
Unbesiegbaren teilen
sich die Ehre, sie zu
bewachen, und den
Vorsatz, sie zu vermeiden.

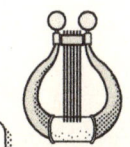

1

Mal darf Troubadix,
der Barde, am Festtisch
singend Platz nehmen.

In einigen Aspekten hat die deutsche Begeisterung sogar die unvergleichliche Gallomanie daheim in Frankreich überflügelt. Ideen, die Serie ins Lateinische zu übersetzen, waren im Verlag Dargaud zwar vorgestellt, aber ebenso schnell wieder weggewinkt worden. Ehapa erhielt die Anfrage eines ungewöhnlichen Lateinlehrers, der selbstverständlich den Unterricht im Sinn hatte (den Lesespaß aber auch), wagte einen Versuch – und konnte kaum glauben, wie schnell die Erstauflage von *Asterix Gallus* 1973 ausverkauft war. Seitdem hat der Initiator Rubricastellanus (Karl-Heinz Graf von Rothenburg) den lateinischen Bestand vermehrt, wenn auch notgedrungen in etwas bedächtigerem Tempo, wie die Lehrverpflichtungen es geboten; als Ruheständler arbeitet er in Aachen, der erstaunlichsten Stadt des Universums, an Nr. 24 dieser seiner ganz eigenen Reihe.

Neben einer weiteren Serie verblasst diese Zahl … nämlich vor der Idee, *Asterix* in alle Dialekte des Deutschen zu übersetzen, die sich nicht retten konnten. Das sind inzwischen einige – 1995 machte auf Schwäbisch *Dr große Graba* den Anfang, inzwischen hat *Tour de Ruhr* (Herkunftsangabe überflüssig) die laufende Nummer 72 der Mundart-Reihe, in der das Hessische mit bisher 10 Titeln die Nase vorn hat. Fast von Anfang an war auch Österreichisches in der Ehapa-Reihe mit von der Partie; für Schweiz und Elsass kommen noch vier anderswo verlegte Titel dazu. Womit die Serie von Deutschland aus ein deutscherseits fast nie bemerktes Problemfeld betreten und überwunden hat: die Befangenheit der französischen Gesellschaft und Kultur, Ausdruck der »einigen und unteilbaren Republik«, gegenüber dem Regionalbewusstsein als möglicher Ansatzstelle zum Teilbaren und Uneinigen. Die Angst, durch solche Gesten Zentrifugalkräfte zu wecken, ist älter als das

Wiederaufleben separatistischer Wünsche im westlichen Europa. Es war schon mutig, das Dorf der Unbeugsamen in der Bretagne anzusiedeln, die in dieser Hinsicht eine lange Tradition des Eigensinns hat – und sehr listig, Asterix & Co. zu Botschaftern des gesamtfranzösischen Gedankens zu machen, auch und gerade auf ihrer Rundreise durch die Regionen. Dass selbst der schwäbische Teil Baden-Württembergs infolge der Dialektversionen weder Abspaltungswünsche geäußert noch Gebietsansprüche gegenüber Bayern angemeldet hat, mag den nötigen Mut verliehen haben, es auch mit den örtlichen Idiomen des Mutterlandes zu versuchen. Eine überfällige Wiedergutmachung, nachdem vor allem die armen Bewohner der Auvergne von Anfang an schwer zu leiden hatten. Allein die Arverner-Witze vor und nach *Asterix und der Arvernerschild* über Essen, Handelszweige und immer wieder die Sprache würden Seiten füllen … aber welche unübertreffliche Ehre, in einem eigenen Album verulkt zu werden!

Humorlose Deutsche nicht ausgenommen – von wegen »Bei uns hat man schon welche aus weit geringerem Anlaß geviertelt!« (*Asterix als Legionär*, S. 24). Während der einzig originale *Astérix* auf dem Weg zur nationalen Ikone war, hatten die rohen Goten – seltsam, dieser Band wurde bisher in keinen Dialekt außer ausgerechnet ins Bayrische übersetzt … – ihr Herz dauerhaft an diese französische Lilie unter den Comics verloren. Unvorstellbar? »Warum? Man kann doch Barbar sein und trotzdem Blumen lieben!« (*Asterix und die Goten*, S. 11) Die heikle Beziehung war im Handumdrehen keine Freundschaft, sondern eine ausgewachsene Liebesgeschichte geworden.

Die Antike des Asterix

Mitten hinein in diese privilegierte Partnerschaft gehört eins der hilfreichsten und unwahrsten *Asterix*-Gerüchte überhaupt: hier gäbe es spielend leicht klassische Bildung mitzunehmen und eine Menge über das alte Rom zu lernen. Völlig falsch ist diese Behauptung noch nicht einmal, nur eben völlig irreführend – und netterweise versorgt sie alles, was die ›echte‹ Antike zu seinem Beruf oder Hobby gemacht hat, mit Stoff für immer neue spaßige Dementis.

Und damit zur komplizierten Wahrheit. Es gibt natürlich reichlich klassisches Altertum in jedem Band, sogar mehrere Sorten: die antike Antike und das, was wir aus ihr als Gegenbild zu unserer eigenen Zeit so machen. Das Kolosseum ist erst elend lange nach 50 v. Chr. gebaut worden? Egal, die Löwen kommen darin so schön zur Geltung, also wird ein »Zirkus« mit drei Etagen auf dem Papier erbaut, der eigentlich selbstredend ein Amphitheater ist (*Asterix als Gladiator*, S. 25–27; 36–46), und den richtigen Circus Maximus gibt es dann eben ein andermal (*Die Lorbeeren des Cäsar*, S. 3 und 37–41) mit viel, viel dichterischer Freiheit. Wer es authentisch möchte, wird zwischendurch bedient (*Die Trabantenstadt*, S. 27). Mit dem rekonstruierten Bauzustand der späten Kaiserzeit aus dem großen Stadtmodell Roms, das ist wahr ... aber Hand aufs Herz: Da im selben Band das Autokino (nur eben mit Gladiatoren) und das Kaufhaus erfunden worden sind (S. 6), wer will da ehrlich behaupten, nicht gewarnt gewesen zu sein?

Worauf wir uns verlassen können, ist, dass wir uns zunächst einmal auf nichts verlassen können. »Hier sieht's ja aus wie in Pompeji!«, stöhnt ein fassungsloser Dekurio (*Die goldene Sichel*, S. 18) – uns zuliebe, denn um 50 v. Chr. ist Pompeji noch ein adrettes Städtchen. Außerdem würde ein Dekurio keine Patrouille aus Legionären leiten, obwohl es nach dem Dezimalsystem so schön logisch wäre, denn schließlich ist »der Zenturio mehr als ein Dekurio [...]. Und über dem Zenturio ist dann der Millurio?« (S. 19) Ach nein, sie waren gar nicht so logisch, die alten Römer, und deshalb ist der Dekurio bei der Kavallerie und der Zenturio bei der Infanterie, jedenfalls überwiegend ... aber das ist ein Thema, so einfach wie das britische Währungssystem (*Asterix bei den Briten*, S. 20, ein Fossil aus den schaurig-schönen alten Zeiten vor 1971, als auf der Insel noch keineswegs hundert Pence aufs Pfund Sterling gingen).

Und nein, Cäsars historisches Pendant saß auch nie in einer Loge unter dem Schriftzug »Panem et circenses« (*Asterix als Gladiator*, S. 38, vgl. *Asterix in Spanien*, S. 44), weil der Spruch noch gar nicht erfunden war; und nein, die Karrenfahrer im Dauerstau von Lutetia haben sich weder nachweisbar gestaut, noch hätten sie schimpfen können: »Du hältst dich wohl für Ben Hur?« (*Die goldene Sichel*, S. 11), weil der fragliche Herr rund achtzig Jahre später Rennen fuhr, das aber erst seit 1880. Dafür erzählt uns *Ben-Hur*, Roman und Filme gleichermaßen, dasselbe einprägsame Märchen wie immer wieder *Asterix*, was nämlich die tragende Rolle der Galeerensklaven auf römischen Schiffen angeht ... Das wäre wohl der Moment, die Serie der Dementis zu unterbrechen.

Peinliche Anachronismen? Natürlich ja. Peinliche Versehen? Selbstverständlich nein. Hinter all dem steckt ein wohlerwogenes System, Chaos zu stiften. Weshalb es zwar verdienter Ruhm ist, dass ein Datenaustauschprotokoll für die europäische Flugüberwachung den Namen ASTERIX erhielt, nur müssten alle damit gelenkten Flugzeuge eigentlich in besonders willkürlichen und absurden Mustern Unfälle erleiden, um dem Prinzip des Namensgebers gerecht zu werden.

Nicht lange genug recherchiert zu haben ist ein schöner, handlicher Vorwurf ... und er ist fast nie falsch, nicht einmal unter echten und selbsternannten Koryphäen. Goscinny & Uderzo haben eine viel höhere Ebene erreicht: Sie recherchierten gefährlich lange und beschlossen dann, schreckliche Dinge mit ihren Lesefrüchten zu tun. Das Rom eines viel späteren Jahrhunderts als Bildvorlage ist da noch unschuldig; es sieht gut aus, über ältere Zeiten weiß man deutlich weniger, also hinein in den Comic. Wenn ein Bild schöner aussieht, weil Rom darauf an einer Stadtmauer endet (*Obelix GmbH & Co. KG*, S. 13), dann nichts wie los – und Pech für das historische Rom, dass es seine innere Stadtmauer längst überwuchert hatte und seine äußere erst über 300 Jahre später bekam. Aber dass die berühmt-beliebten lateinischen Zitate nicht nur fast alle zu spät dran sind (außer wo Cäsar Caesar zitiert), sondern zu einem alarmierenden Prozentsatz auch noch aus der Bibel kommen, das ist natürlich finsterer Vorsatz.

So vorsätzlich wie jene bösartige Irreführung, die mancher von uns als Kind geglaubt hat: dass die Sekretärin im alten Rom mit Marmortafel (einem Notizblock im wahrsten Sinne des Wortes!), Hammer und Meißel zum Diktat kam (*Asterix und der Arvernerschild*, S. 32). Eine dreiste Lüge, die mit dem geliebten »Bericht in dreifacher Ausfertigung« begann (*Asterix und die Normannen*, S. 26: »Es gibt 'ne Menge Marmorkram in der Armee …«) und sich bis zu marmornen Flipcharts (auf solidem Stativ: *Obelix GmbH & Co. KG*, S. 36) steigern sollte. Wie konnten uns diese Leute so etwas erzählen?

Weil es – so die Antwort – die logische Konsequenz der Tatsache ist, dass sie die meisten Trugschlüsse ja erst von ›uns‹ übernommen hatten. Denn *Asterix* passte sich in seinen besten Zeiten schneller an als ein Computervirus und lernte von jeder fixen Idee, jedem Klischee, jedem Vorurteil zur Antike, das gerade im Raum schwebte und den Zeitgeist benebelte. Die Römer feiern pausenlos Orgien, wenn sie nicht gerade die Löwen füttern oder Imperien errichten; das ›wussten wir‹ immer schon, und dementsprechend geisterte das mit den Orgien auch durch den kleinen, uns wohlbekannten gallischen Comic (*Asterix und der Kupferkessel*, S. 29; 31). Aber wissen, wie das ›wirklich‹ aussah, konnte das geneigte Publikum es erst seit *Asterix bei den Schweizern*, in *Pilote* vorabgedruckt 1970. Als Quellenangabe beachte man den kleinen Hinweis im Text: »Ich lasse mir meine Orgien von dem großen Fellinius inszenieren.« (S. 7) Was wir also serviert bekommen, lebt eingestandenermaßen von der völlig überdrehten Optik des Federico-Fellini-Films *Satyricon*, der mit seinen leicht drogengestärkt wirkenden Traumwelt-Römern eben erst, nämlich 1969, durch die Kinos gefegt war. Das gilt leider, leider auch für das »Lippengrün« (*Asterix bei den Schweizern*, S. 7) oder die »in Auerochsfett gebratenen Schweinskaldaunen« … *kein* römisches Gourmet-Gericht, mit oder ohne Honig. Selbst Fellini muss sich, versteht sich, nach 1970 geschämt haben, dass nicht er auf

die Idee gekommen war, eine Orgie in einer großen Mansche-
rei mit Fonduekäse enden zu lassen (S. 19–21; 26). Für alle Fälle: Fondue ist antik nicht bezeugt.

Ein noch früherer Fall: *Asterix und Kleopatra*. Hätte Albert
Uderzo solo mit, sagen wir, dem Film *Gladiator* (2000) dieselben kleinen Tänzchen aufgeführt, wie die beiden entfesselten
Asterix-Autoren es in ihrem 1963/64 gedruckten Abenteuer
mit Hollywoods Monumentalstreifen *Cleopatra* taten, sobald
sie das Kino verlassen hatten – eine amerikanische Anwalts-
kanzlei hätte sich an ihnen reich geklagt. Ausgenommen blieb
das Gesicht von Elizabeth Taylor, sonst wurde geklaut, was
nicht niet- und nagelfest war. Die Kulisse des Palastareals am
Hafen in Alexandria (S. 11) war aus den Anfangsminuten des
Kinogangs verdächtig vertraut, erst recht das Prunkschiff, auf
dem im Film Marcus Antonius verführt wird, hier allerdings
in einer Sparversion (S. 46–47), und dann natürlich die rollende Sphinx, auf der Liz Taylor ihren triumphalen Einzug in
Rom hielt, während die bescheidene Kleopatra der Zeichen-
welt sie für einen Ausflug auf die Palast-Baustelle nutzt (S. 27).
In *Der Sohn des Asterix* (S. 47) taucht das Vehikel noch einmal
auf, diesmal allerdings stark in der Höhe reduziert. Wohl nicht
allein, damit es handlicher zu transportieren ist, sondern auch,
um Ärger um die Urheberrechte zu umgehen. Was *nicht* pla-
giiert, sondern persifliert wurde, ist viel interessanter: Die
menschliche Dynamitstange Kleopatra in *Asterix*, die keinen
Tag ohne Wutanfall beschließt und anderen Leuten zuckersüß
Unheil verkündet (so wurde sie auch in der Zeichentrick-
version zum Star), vor allem aber Cäsar völlig unter der Fuchtel
hat, sie lebt ganz vom Vorgänger- und Gegenentwurf, der Taylor'schen Verführerin, deren Zorn dosiert ist und die sich ihren
Freiraum gegenüber dem Film-Cäsar (Rex Harrison) mühsam

erarbeiten muss, weil ihr Stolz und Hochmut, ja ihre ganze Identität auf wackligen Beinen steht.

Das ist nicht die ›echte‹ Kleopatra. Im Realfilm war sie es allerdings auch nicht, sondern sie war ein Kleopatra-Angebot für das Hier und Jetzt des Kinopublikums von 1963 (und eine Kampfansage ans Fernsehen). Nur beschränkt sich *Asterix* eben nicht – wie Literatur und Medien es meistens tun – darauf, eine Art Klangbild zu liefern, ein Echo der ›echten‹ Antike, das speziell für unsere Ohren komponiert ist. Seine Autoren kamen auf die Idee, eine Rückkopplung zu basteln und uns unsere eigenen Stereotype vom Altertum schrill und krachend wiederzugeben, nur konnten sie es immer noch viel besser als das vorgeformte Bild, das sie zu ihrer Spielwiese machten. Und gerade weil die Ergebnisse so schräg ausfallen, hilft sich das menschliche Gehirn auf der Empfängerseite gelegentlich damit, sie zu ignorieren oder zu Tatsachen zu erklären.

Es ist so schön, festen Boden unter den Füßen zu haben, statt auf Schritt und Tritt zum Opfer irgendeines Schabernacks zu werden. Deshalb sind wir bei *Asterix* an irgendeinem Punkt in der Situation der hart rudernden »Gesellschafter« der phönizischen Handelsgaleere, die ihren Kontrakt »unterschrieben haben, ohne ihn richtig gelesen zu haben« (*Asterix als Gladiator*, S. 14), und am Steuer steht grinsend der »Generaldirektor-Präsident« und zeigt aufs übersehene Kleingedruckte. Aber *wir* sind freiwillig an Bord, das zählt.

In anständigem Wissenschaftsdeutsch ausgedrückt, ist *Asterix* ein Paradeobjekt für die Rezeptionsgeschichte der Antike – was, wie gesehen, nicht ganz so staubtrocken sein muss, wie es klingt, und die forschende Person öfters, ja regelmäßig in die Rolle des Versuchskaninchens versetzt. Direkten Zugriff auf die ungefilterte Wirklichkeit einer vergangenen Epoche,

Die spinnen, die ...

... und das hört man auch gleich am Namen. Eine Sache vorweg: Nein, die echten Römer hatten *nicht* lauter Namen auf -us! (Wobei sogar in einem *Asterix*-Computerspiel schon einmal ein schießfreudiger Zenturio namens »Larry Craft« Wache über »Las Vegum« in der Neuen Welt gehalten hat.)

◆ **Incorruptus**, der unbestechliche Quästor (*Asterix bei den Schweizern*), hat im Original den entmutigenden Namen *Claudius Malosinus* (»Nebenhöhlenentzündung«), wogegen **Feistus Raclettus**, der fonduefreudige – und korrupte! – Statthalter von Helvetien (S. 17 und 19), ursprünglich als *Caius Diplodocus* ein Fall für Dino-Freunde war. Mit *Gracchus Garovirus* (»Achtung, Virus!«), seinem gallischen Kollegen, schoss Gudrun Penndorf wie so oft den Vogel ab: **Agrippus Virus** klingt noch römischer und liefert eine passende Krankheit gleich mit.

◆ Umgekehrt geht's auch: der blasse Präfekt **Unnutzus** (*Tour de France*, S. 27), der sich in die Gallierjagd verrennt, heißt von Hause aus *Encorutilfaluquejelesus* (*encore eût-il fallu que je le susse*, »Und ich hätte es trotzdem wissen müssen«). Den Rekord des längsten *Asterix*-Namens teilt

ganz ohne Klischees und übergestülpte Erklärungsmuster, hat natürlich niemand und zu keiner Zeit, auch wenn es meistens um subtilere Vorurteile als Orgien, Brot und Spiele geht. Zum Prinzip erhoben und in einen Vorteil verwandelt worden ist er sich übrigens mit dem Original des Korsen **Osolemir-nix** (auch ein Lied, aber von Tino Rossi: *Ocatarinetabel-latchitchix*).

◆ Noch mehr Musik liefert **Claudius Bockschus** mit seinem durchsichtigen ›iberischen‹ Decknamen *Arrivederci y Roma* (*Asterix in Spanien*, S. 38). Goscinny taufte ihn *Claudius Nonpossumus* (das ist Vatikan-Fachsprache für »Nein, nein und abermals nein!«) alias *Dansonsurlepon y Davignon*.

◆ Unübersetzt blieben **Zigepus** und **Rictus** (»Maulsperre«), die Zirkuswächter (*Asterix als Gladiator*, S. 37), eine harte Nuss (*Zig et Puce* ist ein Urgestein der französischen Comicgeschichte, Jahrgang 1925). Die englische Ausgabe bedient sich bei *God Save the King*: *Sendervictorius* (wie man bis 2022 achtzig Jahre lang sang) trifft auf *Appian-glorius*. Das hat Tradition – schon in *Die goldene Sichel* war der Bandenchef **Bossix** (*Avoranfix*, lies: *à vos rangs, fixe …*, »auf die Plätze, fertig …«) auf Englisch zu *Knavish-trix* mutiert, zu finden in Strophe 2 der Nationalhymne.

◆ **Handzumgrus** schließlich, das Urbild eines braven Legionärs, wird »schneller als gedacht« (*Plutoqueprévus* – von *plutôt que prévu*) vom Kundschafter zum Zauber-trank-Versuchskaninchen (*Der Kampf der Häuptlinge*, S. 21–29).

diese Gebundenheit an das, was wir schon wissen und was wir schon zu wissen glauben, selten oder nie so schön und vielseitig wie in *Asterix*. Schlimmer noch, es stimmt auch in der Wissenschaft: Ganz sicher vor Anachronismen und nicht überprüften Details ist man fast nirgendwo, und gerade das, was bei näherem Hinsehen so nicht stimmt, kann einen lange als fixe Idee verfolgen. Auch das hat zum Glück seine Grenzen: *Asterix und die Normannen* von 1966 ist heute nicht auf den ersten Blick als Ausbeutung der Welle von Wikingerfilmen seit dem ersten *Prinz Eisenherz* (1954) erkennbar – wohl daher die Pferdeköpfe auf der breiten Brust von Häuptling Maulaf –, aber ernsthaft anzunehmen, es hätten sich um 50 v. Chr. Skandinavier auf Drachenschiffen in Gallien herumgetrieben, ist dann doch niemandem eingefallen. Ob jemand wohl »Wenke« (Wencke Myhre) und »Vivi« (Bach, vgl. *Die große Überfahrt*, S. 45) als authentische altnordische Frauennamen genommen hat? Möglich, denn auch »Gudrun« (eine Hommage der Autoren!) verkniff es sich, »Gitte« hinzuzufügen.

Die Art und Weise, wie sich das, was ›ja jeder weiß‹, in *Asterix* sammelt und auf abenteuerliche Weise verknotet, ist tatsächlich ein wissenschaftliches Phänomen. Schon deshalb, weil *Asterix* mit den Jahren in die Rolle gekommen ist, selbst an den Schrauben zu drehen, die die Feineinstellungen unseres Bildes der Antike regulieren. Nie waren die Legionäre so einheitlich gekleidet und ausgerüstet wie seitdem. Nie war die römische Speisekarte vorher so bunt: Papageienzungen und Hahnenkämme als Angebergerichte sind überliefert, doch verblassen sie hinter »Krabbenzahnfleisch aus der Mongolei« (*Asterix als Gladiator*, S. 30) und sind keine Konkurrenz für »die Bärenblutwurst und die gefüllten Giraffenhälse« (*Asterix bei den Schweizern*, S. 10) oder die »kandierten Schweinsöhrchen« (*Der Seher*, S. 41). Hätte es ohne solche Delikatessen je die Otternasen und die Ozelotmilch und sonstige herrliche Abartigkeiten geben können, die in *Das Leben des Brian* (1979) die müden Zuschauer im Amphitheater von Jerusalem während

Aus dem Kochstudio: Kleines Katerfrühstück

1 Glas Marmelade (Sorte nach eigener Wahl)

100 g Pfeffer, gemahlen

1 Prise Salz

Frische Nieren, Spender und Anzahl beliebig

1 Pfund Feigen

1 großzügiges Stück Kernseife (Würfel von etwa 15 cm Kantenlänge)

1 Huhn, ungerupft und mit Innereien

1 Krug Honig

15 Chilischoten

ca. 2 laufende Meter Blutwurst

12 Eier

ca. 80 Granatapfelkerne zum Abrunden

Die Zutaten nacheinander in ca. 20 Liter kochendes Wasser geben. Wichtig: Nichts zerteilen, putzen oder die Schalen entfernen – es dürfen keine Geschmacksträger verlorengehen! (Das Entfernen von Glas- und Keramikverpackungen ist akzeptabel.) Je nach Herd ist mit einer variablen, aber jedenfalls kurzen Garzeit zu rechnen; fertig ist der Eintopf, wenn die Schaumbildung ins Grüne umschlägt. Am besten heiß auftragen. Metalltöpfe nach dem Servieren bitte auf Lochfraß überprüfen.

Warnung: Der Verzehr dieses Gerichts unterstützt die Leberfunktion und beseitigt Ermüdungszustände, belastet allerdings erfahrungsgemäß den Kreislauf. Zu unweigerlich eintretenden Risiken und Nachwirkungen vergleichen Sie *Die Lorbeeren des Cäsar*, S. 21.

der Kindervorstellung erfrischen? Schließlich haben auch die Inselbewohner ihre anfängliche Reserve gegenüber der kontinentalen Humorware – »Ouuuuh! Ich mißtraue der gallischen Küche.« »Ist denn wenigstens kein Knoblauch drin?« (*Asterix bei den Briten*, S. 45) – in rühmlichen Ausnahmefällen abgelegt. *Asterix* selbst schreibt ganze Kapitel der Antikenrezeption, und die Spuren, die er in der Zeit hinterlässt, führen möglicherweise auch in die ebenso anarchische Welt von Monty Python.

Der Unveränderliche?

Die Zeit hinterlässt (im Unterschied zu den Themen des Tages, die reichlich einfließen) wenige, ja scheinbar überhaupt keine Spuren an *Asterix*. In jedem Heft, das wir aufschlagen, stehen die Helden so da, wie wir sie seit eh und je kennen: dasselbe Gesicht, dieselben schlechten Manieren, und das ist natürlich ein Teil des Reizes, das Wiedersehen mit den unveränderlichen Galliern, die (anders als wir) keinen Tag älter, aber eben auch kein bisschen klüger geworden sind.

Ganz unveränderlich? Nicht ganz. Ein kompletter Comic-Kosmos fällt nicht an einem Stück aus dem Gehirn, und wenn die Erfinder noch so begabt sind. Mit dem Personal fängt es an: Majestix, unser Häuptling, posiert erst seit *Asterix und die Goten*, aber anfangs regelmäßig in Weiß- und Gelbtönen, und sein geliebter Schild bekam seine tragende Rolle ein Album später in *Asterix als Gladiator*, dem wir unsere Freunde und ewigen Pechvögel, die Piraten, verdanken. Für die Hauptpersonen war der Weg sogar noch länger. Wenn *Asterix der Gallier* spricht, trägt er mehr Bart und hängt sein befremdlich kantiger Unterkiefer scheinbar dicht über seinen Füßen; dem Druiden Miraculix wuchs in Band 1 noch ein blaugrauer Bart, der nicht einmal gürtellang und polsterartig steif war, Troubadix sang beim Essen, und er spielte auch noch zum Tanz auf. Reden wir nicht von der technischen Perfektion, denn in den Gründerjahren musste das Kolorieren manchmal schnell gehen (weswegen Obelix auf S. 14 und 16 von *Asterix und die Goten* mit farblosem Gürtel unterwegs war).

Apropos Obelix: jenes halslose Ungeheuer in *Asterix der Gallier* mit den struppigen roten Haaren, überlangem Schnauzbart und einer Hose mit mindestens zwanzig schmalen – schmalen! – blauen Streifen, das ist doch nicht …? Doch, leider ja, in der ersten Phase seiner Karriere. Der schönste, untersetzteste aller Gallier hatte den mit Abstand längsten Weg vor sich. Halb ausgereift finden wir ihn in *Asterix als Gladiator* und *Der Kampf der Häuptlinge* wieder, zu jener Zeit, als Majestix seinen endgültigen grünen Modegeschmack bekam: Jetzt hat Uderzo seinen Obelix etwas aufgepumpt. Die Frage wäre berechtigt: »Seid Ihr sicher, daß das eine mittlere Größe ist?« (*Asterix als Legionär*, S. 21) Volles Kampfgewicht und sphärische Perfektion – schon die alten Griechen sahen in der Kugelgestalt etwas Göttliches – erreicht der heimliche Star der Serie (»Na ja, man könnte das doch nennen: ›Die Abenteuer von Obelix, dem Gallier und …‹« – *Asterix und der Kupferkessel*, S. 17) ungefähr mit der Ägyptenreise in *Asterix und Kleopatra*.

Gegen anderes kämpfen selbst Comicautoren vergebens. Wie viele von uns haben sich nicht schon über die dummen kleinen Kringel in der Mitte und rechts unten auf praktisch jeder vollen und halben Seite geärgert, in denen »28^A«, »28^B«, »29^A« und so weiter steht? Völlig unsinnig, denn das Albumformat zu halbieren fiele doch nur einem Vandalen ein … Und eines Tages kommt der bittere Moment, da uns eine englische *Asterix*-Ausgabe in die Hand fällt, und o Schreck: Sie ist tatsächlich halb so hoch und doppelt so dick, von der Papierqua-

lität zu schweigen, und mit den übergroßen oder gar ganz-
seitigen Bildern geschieht zwangsläufig Grauenhaftes, damit
sie ins Querformat passen. Ordentlich gewachsene Alben gibt
es inzwischen auch, doch Jahrzehnte des Erfolges und stetig
wachsender Marktmacht haben nichts an der boshaften Tradition geändert, *Asterix bei den Briten* immer wieder in typo-
graphischer Pfefferminzsoße zu kochen. »Soll das das lachende
Wildschwein sein? Das ist aber gar nicht zum Lachen!« (S. 15)

Ob die Zeit voranschreiten sollte oder nicht, darüber ist sich
der *Asterix*-Kosmos samt seinen Urhebern oft nicht ganz einig
gewesen. Das zum Auftakt jedes Abenteuers in Erinnerung
gerufene Datum 50 v. Chr. ist gut durchdacht: Wenn die letzten Kämpfe Caesars um Gallien ins Jahr 51 fallen, dann war
Gallien eben im Jahr darauf fertig erobert, und ab 49 hatte Rom

genug mit dem Bürgerkrieg zu tun. Aber das Startdatum einer komplizierten Chronologie, einer Entwicklung von Band zu Band haben wir deshalb nicht vor uns. Es könnte allerdings so scheinen: *Asterix als Legionär* spielt in den Wochen bis zum Sieg der Caesarianer über ihre Gegner in Nordafrika, der Schlacht bei Thapsus am 6. April 46, ausgelöst – in der Welt der leuchtenden Farben – durch einen gallischen Stoßtrupp in privater Mission (S. 41 f.). *Asterix in Spanien* beginnt am »Morgen des 17. März des Jahres 45 v. Chr.« (S. 5); der Comic-Cäsar, dessen Brutus zwar von Dolchstichen träumt, aber nie brutal wird (vgl. *Streit um Asterix*, S. 6), erringt exakt an diesem Datum seinen letzten Sieg, die – in der Welt der Grautöne und blassen Farben höchst blutige – Schlacht von Munda, bei der Zenturio Aerobus sich diskret bereichern wird (*Streit um Asterix*, S. 34).

Falls dahinter System steckte, hätte Cäsar nur noch weniger als ein Jahr zu leben, um sich von den Galliern ärgern zu lassen – und ein Jahr wäre viel zu kurz für all die schönen destruktiven Ideen. Wie schön, dass das eindeutig nie geplant war. Der real existierende Alleinherrscher etwa feierte seine sämtlichen Triumphzüge hintereinanderweg im Jahr 46; Cäsar, der Gezeichnete, dagegen teilt sich das Vergnügen ein: ein Triumph irgendwann anno 45 (*Asterix in Spanien*, S. 22) und ein undatierter über die kleine, uns wohlbekannte Piratenhorde (*Die Lorbeeren des Cäsar*, S. 47), der eine ›Anleihe‹ bei Caesars Verbündetem, Rivalen und zeitweiligem Schwiegersohn, dem großen Piratenbezwinger Pompeius, darstellt (der in *Asterix und Latraviata* zu »Konsul Pompejus, der von Cäsar aus dem römischen Senat verjagt wurde« (S. 13) geschrumpft ist und aussieht wie Brutus in Blond – eine Schande!).

Für Freunde einer strikten, lückenlosen Chronologie in der Comicwelt ist hier gleich noch eine Gemeinheit versteckt:

Die Piraten werden in *Die Trabantenstadt* (S. 31) aus der römischen Sklaverei entlassen, in die sie offensichtlich erst im Folgeband *Die Lorbeeren des Cäsar* durch Gefangennahme und Triumphzug geraten. Wer deswegen versuchen möchte, den späteren Band offiziell vor den früheren zu schieben, nimmt die Sache ernster, als gesund ist. So steht es auch mit der Geschichte: sie streckt ab und zu den Kopf vor, aber meistens bleibt sie in sicherer Deckung hinter den üppig wuchernden Geschichten, um die es eigentlich geht. Und sie passiert nicht, sie ist eine stimmungsvolle Welle am fernen Ufer, ein Bildelement weit im Hintergrund, das in der Bewegung eingefroren ist. Aufregung gibt es ständig, davon leben die Geschichten, aber anschließend verlassen die aufregenden Leute wieder die Szene: Falbala bleibt in *Asterix als Legionär* gerade lange genug, um zwei Helden und einem Hündchen das Herz zu brechen, dann zieht sie in die Stadt, nach Condate; auf der letzten Seite von *Das Geschenk Cäsars* hat Orthopädix, der Gastwirt aus dem Süden, sich die Toleranz des Dorfes erkämpft, aber die *wahre* gelernte Lektion – seiner Frau nicht mehr nachzugeben – treibt ihn von dannen in die ganz große Stadt, nach Lutetia. Das kleine gallische Dorf ist am Ende wieder, was es zu Beginn war: das uns wohlbekannte. Die Aufregung war da, um sich zu legen.

Ist das jetzt umgekehrt Programm: die Zeit samt ihren Umbrüchen zum Stillstand zu bringen? Schließlich zeigen die *Asterix*-Vorausblicke auf die Gegenwart wenig Gutes: die Hochhauswüste der Pariser Vorstädte etwa oder den Qualm vorgeahnter Auto- und Industrieabgase (*Der Seher*, S. 9; 31). Gerade *Die Trabantenstadt*, eine anarchische Phantasie, wie sich dem technischen Fortschritt ein Bein stellen lässt, ist über 99 % ihrer Länge das beste Argument dafür. Doch mit den letzten

Bildern biegt die Erzählung vom eingeschlagenen Pfad ab und zügelt die Nostalgie, wonach früher und im großen, unzivilisierten gallischen Wald alles besser war. Asterix zweifelt, ob »wir den Lauf der Dinge immer so aufhalten können, wie wir es getan haben«, und wirft damit Schatten auf den »Sieg über den unerbittlichen Lauf der Zeit«, den das Schlussbild feiert. Miraculix, an den die Frage geht, meint ganz selbstverständlich: »Natürlich nicht, Asterix … Aber wir haben ja noch Zeit, soviel Zeit!« (S. 47) Die Zeit läuft also »unerbittlich« weg, und gleichzeitig gibt es dennoch mehr als genug von ihr, um so zu tun, als ob sie sich zurückdrehen oder anhalten ließe … um, kurz gesagt, mit ihr zu spielen und immer noch einen weiteren wilden Tanz mit ihr aufzuführen.

Genau das ist wohl am ehesten die Devise, auf die sich ein Comic verständigt, der sich ganz nach Lust und Laune mal als historisch betrachtet, mal nicht. Wie kann einer Reihe aus Bildern und Textelementen, die zwar aufeinander folgen, aber alle nebeneinander schon im fertig gedruckten Band auf uns warten, auch jemals die Zeit ausgehen? Als Lesezeit läuft sie uns davon und zugleich genau in die Arme. Der Weg zurück auf Seite 1 genügt, um die Uhr zurückzudrehen – auch wenn für die zeichnende Hand und die lesenden Köpfe, die sich über die Seiten beugen, die Zeit nicht stehenbleibt, sondern ›nur‹ gut ausgefüllt ist. Das Beste kommt also wirklich erst noch, immer und immer wieder.

Triumphator oder Siegalapyrrhus?
Die neue Ära Asterix

Das Beste liegt, wenn sich Fans unterhalten, häufig genug entweder gerade knapp hinter dem Objekt ihrer Verehrung oder
kommt – so die Optimistenfraktion – gerade erst in Fahrt. Die
Debatte, was denn nun stimmt, macht ein gutes Stück vom
Reiz des Kultgegenstands aus. Wenn es um die Bücher eines
einzigen Autors geht, sind die Fronten ziemlich übersichtlich.
Deutlich komplizierter wird es, sobald eine vier- oder fünf-
köpfige Band ein Mitglied auswechselt, geschweige denn die
Besetzung und das Produktionsteam einer Fernsehserie sich
verändern. Mit wem beginnt, mit wem endet eine Ära? Es gibt
konkurrierende Zeitrechnungen, wann denn nun das Goldene
Zeitalter für *Peanuts* war (obwohl Charles Schulz sein Leben
lang nie andere Hände an den Comicstrip ließ), wo der klassische Stephen King oder Terry Pratchett sich erstmals zeigt, mit
wem an Bord die Rolling Stones die einzig wahren und richtigen waren, welche Staffel (aber bitteschön »Season« sagen!)
der *Sopranos* oder von *Dr. House* die Maßstäbe setzt.

Warum sollte es bei einer Comicserie anders sein, die von
Anfang an ein Stück zu vier Händen war? Und doch ist *Asterix* anscheinend ein Spezialfall, denn die Meinungen gehen

erstaunlich wenig auseinander. Unabhängig vom Lese- oder »Einstiegs«-Alter bestreitet fast niemand, dass der 5. November 1977 der Tag war, der alles veränderte. René Goscinny nahm einen Arzttermin in Paris wahr und unterzog sich einer Routineuntersuchung, einem Belastungstest – nur endete die Runde auf dem Heimtrainer mit einem Herzinfarkt, dessen Folgen Goscinny kurz darauf im Krankenhaus erlag. Das Autorenduo war mitten im größten Erfolg auseinandergerissen.

Und sofort meldeten sich die besorgten Stimmen zu Wort, die genau diesen Erfolg vorwiegend dem Wortwitz und dessen Auswirkungen auf die zeichnerische Umsetzung zuschrieben, nicht der Zeichnung an sich. Die Zukunft werde noch schlimmer als erwartet, orakelten sie. Haben sie recht behalten?

Zwischen Weiterleben und Verkaufserfolgen

Zumindest war es eine Zukunft voller Umbrüche. Erst im Vorjahr hatten die *Studios Idéfix* den ersten wirklich eigenhändig konzipierten *Asterix*-Film der beiden herausgebracht, *Les douze travaux d'Astérix* (*Asterix erobert Rom*). Wie es nach Roms Eroberung inhaltlich weitergehen sollte, war 1976 eine nicht ganz ernstgemeinte Frage gewesen, jetzt aber wurde sie höchst real. Schon 1978 löste das Studio sich auf.

1979 gab es einen bittersüßen Festtag: Anfang des Jahres erschien *Asterix und die Belgier*, das letzte, mit großer Verspätung (und unter juristischem Zwang des Verlages Dargaud) fertiggestellte Gemeinschaftswerk beider Autoren. Sein Anspielungsreichtum war für Übersetzer eine besondere Zumutung, beziehen sich viele Pointen doch auf die feinen Unterschiede zwischen belgischem und französischem Französisch; deutsche Leser konnten außer einheimischen Kulturgrößen wie Eddy Merckx oder *Tim und Struppi*, dem permanent grauen Himmel (einem lieben nachbarschaftlichen Vorurteil) oder der leicht anachronistischen Entstehungsgeschichte der unvergleichlichen Kombination aus Miesmuscheln und speziell behandelten Kartoffelstäbchen (*moules-frites*) notgedrungen nicht alle Feinheiten verfolgen. Noch einmal war der liebevollen Bosheiten kein Ende, etliche davon auf den urfranzösischen Waterloo-Mythos gerichtet.

In dieser Dichte war es eine Abschiedsvorstellung. Gleich im doppelten Sinn: Albert Uderzo beendete darin die Zusammenarbeit mit Dargaud. Auch er war inzwischen zum Weitermachen entschlossen, aber zu eigenen Bedingungen. Noch 1979 entstanden *Les Éditions Albert René* als neues verlegerisches Dach für *Asterix* und die beiden anderen Goscinny-Uderzo-Koproduktionen *Umpah-Pah* und *Jehan Pistolet* (dt. *Pitt Pistol*). Witwe und Tochter des Texters beteiligten sich an der Neugründung. Das Motiv war – versteht sich – ein wesentlich größeres Stück vom Kuchen … denn der Verkauf im In- und Ausland wuchs und wuchs. Trotzdem wartete alles gebannt auf den nächsten Band.

Nr. 25 erschien bereits im nächsten Jahr und erlaubte einen direkten Vergleich. So war es wohl auch beabsichtigt … und der Vergleich fiel nicht zu gnädig aus. *Der große Graben* mit seinem geteilten gallischen Dorf war ein wenig Gegenbild zum zerstrittenen, aber einigen Dorf der Unbesiegbaren, eine Prise Anspielung auf die reale deutsche Teilung und deutlich mehr Liebesgeschichte – aber nicht *Der geteilte Himmel*, sondern ein um Entführung und Happy End angereichertes *Romeo und Julia* mit einem hübschen, langweiligen Helden und einer passiven, langweiligen Heldin. Der Wortwitz hatte Mittelmaß; da übersah man leicht, dass Uderzo einen ersten Versuch unternahm, das Gewicht der Serie stärker in seine ureigene Domäne zu verschieben, und ein paar Seiten lang mit dem graphischen Reiz grotesk runder und dann winziger Römer spielte. Ein Vorgeschmack späterer optischer Erweiterungsversuche.

Schon 1981 folgte *Die Odyssee*, ein Orient-Abenteuer; Reisegeschichten sind tendenziell immer freundlicher aufgenommen worden als die Bände, die im Land blieben – und zahlreiche Fallgruben des Nahostkonflikts wurden vermieden. Andererseits traute Uderzo der Intelligenz seines Publikums nicht so ganz, wenn er die Gallier kurz vor Jerusalem zu einer klassischen Krippenszene arrangierte und dann sicherheitshalber dazusetzte, sie befänden sich in Bethlehem. Kopien lebender Personen gab es wie gewohnt reichlich, aber mit dem Sean-Connery-Double Nullnullsix übernahm erstmals eine davon im Band eine tragende Rolle. Ob das erlaubt war? Dafür verdaute die Leserschaft bereitwillig, dass der Himmel jetzt in vielen Bildern diskret statt der sonst *Asterix*-typischen leuchtenden Flächenfarben abgestufte Töne aufwies, die zum Horizont hin blasser wurden.

Bis zum nächsten Band vergingen zwei Jahre. *Der Sohn des Asterix* (1983) hatte wieder einmal keine zwingende Story, dafür mehrere Aufreger: Das kleine gallische Dorf brannte ab und wurde als vollständige Replik wiederaufgebaut; stimmungsvolle Nacht- und Brandszenen konnten die Logikfrage nicht lösen, wie denn bitte Kleopatra (inzwischen mit deutlich filigranerer Nase) ihre rollende Sphinx an die gallische Küste verfrachtet hatte – auf die Prunkgaleere hätte sie nicht gepasst. Die Verwicklung, Asterix ein Baby vor die Tür zu legen, war an sich ein geistreicher Schachzug – und vielleicht motiviert durch die zeitgemäßen Fragen, ob zwei unverheiratete Krieger, die im selben Haus übernachteten, vielleicht von mehr als ihrer verzehrenden Liebe zum Wildschwein verbunden waren. Für Gudrun Penndorfs Übersetzung ergab sich jedenfalls die herrliche Möglichkeit, Pointen aus der hitzigen bundesdeutschen Debatte um die geplante, mehrfach verschobene Volkszählung zu gewinnen, die Ende des Jahres im berühmten Karlsruher »Volkszählungsurteil« gipfelte ... womit über drei Jahrzehnte später eigentlich ein paar Fußnoten fällig wären, wäre die Frage »Und wie haltet Ihr's mit dem Datenschutz?« (S. 12) nicht zeitlos jenseits aller »Erhebungen«. Am anderen Ende der Zeitskala waren die Soldatenlieder, die der als Amme verkleidete Zenturio Primus Cactus grölt (S. 33–38), im Deutschen kongenial verunstaltet und aus den Tiefen des kollektiven Gedächtnisses gezogen.

Es folgte – vier Jahre lang gar nichts. Bis 1987 mussten sich alle für *Asterix im Morgenland* gedulden. Und wiederum vier Jahre bis zum Band danach. Die jüngeren Bände wurden kritisiert, aber öfter gekauft denn je und die Klassiker sowieso; das Publikum wuchs offenbar zuverlässig nach. An der Nachfrage lag es also nicht. Allein genug Ideen zu haben war sicher schwieriger – aber wirklich viermal schwerer als vorher zu zweit? 1987 wurde Albert Uderzo sechzig, das mochte ein Grund sein.

Ein anderer liegt auf der Hand: Uderzo war sehr beschäftigt mit dem Recycling alter Ideen. Erste Computerspiele kamen auf den Markt, in bescheidener, aber stetig erweiterter Komplexität. *Asterix* als Film wurde wiederbelebt und ernährte sich von erhöhten Dosen der Alben. Aus *Asterix als Legionär* und *Asterix als Gladiator* wurde der Film *Sieg über Cäsar* zusammengeschnitten (1985), schon 1986 folgte die Umsetzung des uneinholbaren Lieblings *Asterix bei den Briten*. Mit Kino ließ sich noch mehr Geld verdienen, so die Hoffnung … auf Kosten der Qualität. Schon die ersten Trickfilme der Sechzigerjahre waren optisch keine Leckerbissen gewesen, hatten sich jedoch aufwärtsgearbeitet; die neuen Produktionen blieben hinter den Möglichkeiten des Disney-Imperiums hoffnungslos zurück. Sie litten auch anderswo unter falscher Sparsamkeit: selbst große Teile der Filmmusik wurden aus dem *Sieg* für die *Briten* übernommen.

Besser schnitt *Operation Hinkelstein* ab (1989), spaßigerweise die erste französisch-deutsche Koproduktion, weswegen sich der Ehapa-Redakteur Adolf Kabatek daran beteiligte, aus *Der Kampf der Häuptlinge* und *Der Seher* ein durchlaufendes Drehbuch zu zaubern. Die Kombination wiederholte sich (mit Blick auf den deutschen Markt als mit Abstand zweitwichtigsten der Marke *Asterix* überhaupt) für *Asterix in Amerika* (1994), die Adaption von *Die große Überfahrt*. Hier experimentierte man mit Computeranimation in ersten Teilbereichen … während Disney jegliche europäische Konkurrenz im selben Jahr mit *König der Löwen* schlicht an die Wand spielte und die Serie der großen Pixar-Erfolge sich bereits abzeichnete. Mit diesem Aufwand war bei einem Publikum jenseits der treuen Fangemeinde – und um das ging es – kaum mitzuhalten. Für die nächsten paar Jahre verließ die *Asterix*-Filmemacher der Mut, ehe es zu einem Neustart unter ganz anderen Bedingungen kam.

Enttäuschte sprachen von einer neuen Ära der bedenkenlosen Kommerzialisierung – was nun wieder nicht ganz gerecht war. *Asterix* in Plüsch und Plastik war beileibe keine Erfindung der Nach-Goscinny-Zeit, obwohl die Stückpreise tüchtig stiegen und die Vermarktungsdichte auch. Neben die daumenhohen Spielzeugfiguren der ersten Generation mit viel Weichmacher im Plastik traten jetzt dreimal größere Produkte, die so viel kosteten wie ein gutes Essen im Lieblingsrestaurant der Familie – aber es gab sie eben längst, die Uhren, die Becher, die Lampen und Kuschelgallier aus herrlich synthetischem Pseudoplüsch. Sammelbilder, die ihre Herkunft aus »Duplo«-Riegeln durch den Geruch nach Zucker, Nüssen und fettig gewordenem Papier verrieten, zierten alle möglichen und unmöglichen glatten Oberflächen der 1970er, Schablonen steckten in Nutella-Deckeln. Für den exzessiven Süßwarenkonsum, den das voraussetzte, stand schließlich das optimale Argument bereit: »Also, andere verhauen, das ist gut! Aber Mandeln essen, das ist schlecht?« (*Asterix und Kleopatra*, S. 32)

Eine kurze gesegnete Zeitlang fielen damals sogar *Asterix*-Figürchen, keine zwei Zentimeter lang, in je einer grellen Farbe und mit winzigen Details, als Beigabe aus Kaugummipäckchen (wie wesentlich später, größer und mehrfarbig bemalt, aus Überraschungseiern). Das ideale Produkt, wenn man so will: Sie wurden überallhin mitgeschleppt, rutschten in jede Ritze des Autorücksitzes, und die Jagd nach Ersatz für die verlorenen Sammelobjekte – es gab ein paar Dutzend von ihnen – begann umgehend. Die Mülltonnen der Kenner füllten sich mit langen Streifen aus geplünderten Päckchen, noch gefüllt mit dem (ziemlich scheußlichen) Kaugummi, der schlicht nicht interessierte. Zweifellos kam die Firma eben deswegen auf ihre Kosten. Während Hinkelsteine die furchtbare Eigenschaft haben, sehr langsam kaputtzugehen (*Obelix GmbH & Co. KG*, S. 39), war das Mikroplastik in allen Spektralfarben zu heißgeliebt und viel zu transportabel, um so leicht zu überleben.

Mit ihren *Asterix*-Sofakissen, Kühlschrankmagneten, Bildschirmschonern und Sporttaschen haben spätere Fangenerationen ähnlich hohe Ausgaben, aber nicht dieses spezielle Problem: Wegwerfen wurde bei ihnen zur bewussten Entscheidung. Vom offiziellen Merchandising mit echten Hinkelsteinen ist bis heute übrigens abgesehen worden – wohl aus gutem Grund, schließlich hat die Markteinführung in Rom seinerzeit die Währung zusammenbrechen lassen (*Obelix GmbH & Co. KG*, S. 48), aber jedenfalls nicht, weil »heutzutage ja niemand mehr auf den Gedanken käme, etwas völlig Nutzloses zu verkaufen …« (S. 36). Es gibt zweifellos Einfamilienhäuser, vor denen sie ihren Platz fänden.

Warten auf Geniales

Zur selben Zeit im kleinen gallischen Dorf … Das Filmgeschäft war die große Hoffnung auf noch mehr Geld, aber neben Leinwand und (natürlich) Merchandising, voran der 1989 eröffnete *Parc Astérix*, brachten die Bände nach wie vor die meisten Sesterzen ein und waren die Seele des Phänomens. Gefragt war Geistreiches, das gewohnte Bild, aber jedes Mal bitte frisch erfunden. Erfolge hatte es gegeben, doch die neuen langen Abstände machten sich schmerzhaft bemerkbar. 1982 kam Ehapa auf die Idee, ein Asterix-Rätselheft auf den deutschen Markt zu werfen – zweifellos auch deshalb, weil in diesem Jahr erstmals kein neuer Band verfügbar war. *Knobelix* (übrigens wohl derjenige nach *Asterix* klingende Begriff, der am häufigsten von Dritten für ganz andere Produkte verwendet worden ist) montierte Originalzeichnungen und Adaptiertes mit klassischen Rätselformaten wechselnder Schwierigkeitsgrade zusammen und war darauf konzipiert, möglichst oft Bezüge zur

Teich mit Booten im *Parc Astérix*. Der 1989 eröffnete Freizeitpark liegt rund 30 km nördlich von Paris. 1,8 Mio. Asterix-Fans besuchen ihn pro Jahr.

antiken Welt herzustellen. Immerhin 18 Nummern kamen bis 1986 zusammen. Als Mittel der Leserbindung keine schlechte Leistung, auch wenn *Knobelix* ab Heft 9 in Format, Umfang und Preis deutlich abspeckte, um mitzuhalten.

Der *Morgenland*-Band von 1987 führte nach Indien und gab einmal, ein einziges Mal Troubadix, dem gefürchteten Barden, eine konstruktiv tragende Rolle (statt nur wie in *Asterix als Gladiator* die Aufgabe, sich retten zu lassen). Inspiriert fand man diese Nr. 28 nicht, aber annehmbar. Mit weiteren vier Jahren bis zum nächsten Band rechnete niemand, auch nicht die Lizenznehmer. Desto sensationeller wurde 1989 *Wie*

Obelix als kleines Kind in den Zaubertrank geplumpst ist angekündigt ... Wer den Band aufschlug, zählte 32 Seiten statt (und zum Preis von) 48, davon gut ein Viertel ausschließlich mit Text – und die Bögen quollen nicht gerade über. Uderzo hatte sich eine alte Kurzgeschichte Goscinnys im Umfang weniger Seiten herausgesucht und mit sehr statischen Zeichnungen illustriert, die Pastellfarben zeigten und etwas Sentimentales, manche sagten, Süßliches hatten. Eine Art Kindheitserinnerung an die jungen Jahre der Serie – zu brav und zu nostalgisch eigentlich für den Text, der eindeutig vom Autor des *Kleinen Nick* und im selben frech-fröhlichen Geist geschrieben war. Es wirkte wie ein Abschied. Doch es war nur die Zwischennummer vor dem nächsten richtigen Album, *La rose et le Glaive* (1991), woraus das deutsche *Asterix und Maestria* wurde. Die Zukunft prägte lediglich ein Detail: Uderzo hatte wegen zunehmender Gesundheitsprobleme mit den Handgelenken die Kolorierung an einen Helfer, Thierry Mébarki, abgegeben – und ihn erstmals offiziell genannt. Die Farben gemischt hatte Mébarki aber schon für *Asterix im Morgenland*; nur die Vorzeichnung behielt sich Uderzo einstweilen vor ... und auf den Bandtiteln suchte man den Helfer noch eine ganze Weile vergebens. Erst recht denjenigen, der seit *Der Sohn des Asterix* die Bleistiftentwürfe in Tusche ausführte: Thierrys Bruder Frédéric. Da auf jedem Einband nach wie vor ganz obenan »R. Goscinny – A. Uderzo« prangten, konnte man in Sachen Titel und Inhalt schon durcheinanderkommen. Was gewollt war.

Beim Öffnen der *Maestria*-Geschichte gab es den nächsten Schock. Angekündigt war ein Band mit dem Thema Feminismus – nicht die offensichtliche Wahl für eine Serie, in der die Frauen traditionell entweder grantige Hausdrachen oder kurvenreiche Schönheitsköniginnen mit Puppenaugen waren; Madame Methusalix hatte sich obendrein in *Obelix GmbH & Co. KG* schon einmal um ein Haar an Obelix' dicken Hals geworfen, weil er das nötige Kleingeld für schicke Stoffe ins Dorf brachte (S. 27–28). Der Inhalt des neuen Albums nun übertraf jede (schlimme) Erwartung: Maestria, hochgewachsene Kampfemanze mit Pfannkuchengesicht, unvorteilhafter Haargummi-Zopffrisur und Leggings, mit unförmigen Beinen, mit Taille, aber ohne erkennbare Hüfte, macht vom Bildungssektor aus die Dorffrauen rebellisch, natürlich nicht für lange, rät aus Naivität zur Kollaboration mit den Römern, sieht sich einer Spezialeinheit kampfkräftiger Legionärinnen (Wespentaille, wallende Haarpracht und muskulös wie eine Barbie-Kollektion) gegenüber … Wären nicht alle Frauen der Welt, so Uderzo, willige Opfer von Sonderangeboten und Modedesignern, hätte die Sache ein böses Ende genommen. Am Ende lässt sich Maestria wieder in der guten alten Rolle einfangen und gestattet Asterix, der dazu artig den Helm abnimmt, einen Handkuss. Dabei herrscht zwischendurch bemerkenswertes Rollenchaos: erst hebt die respektlose Maestria Asterix einfach hoch und gibt ihm zu Flirtzwecken einen Klaps auf den Po (S. 18), in der Wiederholungsszene küsst sie ihn dann gleich (S. 23), fängt sich dadurch einen K.-o.-Schlag aufs Auge ein und schiebt Asterix die Schuld in die Schuhe, der seinerseits wehrlosentgeistert ist (»Bei allen Göttern, was habe ich getan? Ich habe eine Frau geschlagen! […] Das bin doch nicht ich!«). Nicht zufällig hat sie vor beiden Annäherungsmanövern laut überlegt, sich Asterix' Hütte respektive die Häuptlingswürde unter den Nagel zu reißen; wir lesen und lernen: Macht hat eine erotisierende Wirkung auf diese Sorte Frau.

Nein, auch 1991 war die Debatte selbst unter Konservativen

ein wenig weiter. Sie in einem Comic zu führen, in dem die Sexualität (jenseits amüsanter Verliebtheit und piepsender Küken in den Vogelnestern des großen armoricanischen Waldes) ein Nicht-Thema war und die Gallierinnen nur alle Jubeljahre beim Römer-Verhauen helfen durften, brachte von vorn herein seine Grenzen mit sich. Um das Klischee vollzumachen, hätte Maestria schließlich eher die reizende Frau Methusalix umwerben müssen, aber so viel Aktualität durfte dann doch nicht sein. (Die lesbische Pointe schob dann verdientermaßen Franziska Beckers – ansonsten leider, wie selbst Befürworterinnen fanden, wenig spritzige – Parodie *Feminax und Walkürax* 1992 nach.) Für gewisse tiefsitzende Ängste war die Form, in die der schlechte Einfall dann geriet, immerhin schön aufschlussreich gewesen. Nur: Wozu eine soziale Veränderung zum Hauptthema einer Serie machen, in der seit Idefix (1963!) niemand mehr dauerhaft ins Dorf zugezogen ist und wo die eherne Grundregel lautet, dass von Band zu Band alles beim Alten bleibt?

Uderzo landete ein großes Eigentor und handelte sich den Ruf eines Sexisten ein. Jedenfalls war er der Verlockung erlegen, ein Altherrenproblem zum Thema zu machen. In *Die Trabantenstadt* hatte die Idee, die unaufhaltsame Zeit ein wenig aufzuhalten, funktioniert, hier nicht – schon weil es nicht um den Bau von Satellitenstädten ging, sondern um eine Neuaufteilung, die weder »den Wildschweinen Angst« gemacht noch einen einzigen Baum das Leben gekostet hätte. Das Dorf steht sowieso unter der indirekten Herrschaft Gutemines, seit die starke Frau hinter dem stark beleibten Chef in *Asterix und der Arvernerschild* ihre ersten Temperamentsausbrüche hatte. Zweitens hat laut *Der Kampf der Häuptlinge* ausgerechnet der permanent hinkelsteingeschädigte Augenblix die sprichwörtliche gallische Höflichkeit begründet, die also hochoffiziell für zwar sympathisch, nur auch ein klein wenig gaga erklärt worden ist. Im Dorf platzt die gute Form regelmäßig mit dem ersten geworfenen Fisch (*Streit um Asterix*, S. 15). Taugte da die Frage als Aufreger im skurrilen Mikrokosmos, ob in Zukunft entweder auch die Männer im Vorbeigehen spielerisch eins hintendrauf bekommen durften oder aber überhaupt niemand mehr? Nette Leute aller Geschlechter halten einander im Alltag des 21. Jahrhunderts immer abwechselnd die Tür auf, Frauen helfen gleichaltrigen Männern ebenso gut in den Mantel wie umgekehrt, und wer wem die Hand küsst, regelt sich in den seltenen Fällen sowieso chaotisch. *Asterix und Maestria* hatte die oft genug ausgesprochene Maxime ignoriert, dass es sich bei sämtlichen Personen des Comics (der Druide Miraculix bildet eine lückenhafte Ausnahme) um Spinner unterschiedlicher Geschmacksrichtungen handelt. Das Lesevergnügen besteht eben *nicht* darin, dass sie alle bekehrt werden, sondern üblicherweise gehen die Opfer des gallischen *way of life* schlicht woanders weiterspinnen, wenn sie genug gelitten haben.

Der lange Abschied des Albert U.

Das Publikum kaufte in Frankreich wie international eifrig weiter, es baute sein Sortiment an Sammlerstücken aus, es übertrumpfte sich mit Gallier-Kartenspielen in den Kategorien »Appetit«, »Gerissenheit« und »Prügelpower«, aber es verzieh nicht ... und soweit es kritisch war, lauerte es geduldig. Geduld war auch vonnöten; ehe Uderzo den nächsten Band vorlegte, erschien 1993 abermals ein eher retrospektiver »Pausenfüller«, die locker zusammengefasste Sammlung *Astérix et la Rentree gauloise*, eine Kombination älterer Kurzgeschichten mit einigen späteren Uderzo-Eigenproduktionen. Auf den deutschen Markt kam sie damals nicht, sondern wurde erst in der leicht veränderten Form von 2003 als *Asterix plaudert aus der Schule* der offizielle Band 32 in einer weiteren langen Erscheinungslücke.

Nächster »echter« Neuzugang war *Obelix auf Kreuzfahrt* (1996), wieder ein Reiseabenteuer und zugleich eine neue Antwort auf die alte, aber berechtigte Frage, wieso Obelix nie Zaubertrank bekommt. (Bis dahin lautete die Erklärung: Weil seine Schlagkraft sich davon auch nicht mehr steigern ließ, ausgenommen die Pyramidenflucht auf S. 24 in *Asterix und Kleopatra*.) Diesmal war es das Publikum, das konservativ reagierte, nicht der Autor. Die gehäuften Ort-zu-Ort-Wechsel waren vielen zu hektisch, das Auftauchen eines Kirk-Douglas-Klons an der Spitze einer multinationalen Sklavenmannschaft diskussionswürdig, erst recht der Abstecher nach Atlantis und die Entscheidung, ein niedlich-nostalgisches Kinderparadies mit minoischen Säulen und fliegenden Kühen daraus zu machen. Ob gelüftete Geheimnisse besser sind oder geheim gehaltene, darüber ließ sich sowieso streiten. In der deutschen Ausgabe gab es noch dazu einen Epochenwechsel zu verkraften: statt Gudrun Penndorf, die *Asterix* fast drei Jahrzehnte lang das Sprechen gelehrt hatte, stellte sich Ehapas Ex-Geschäftsführer Adolf Kabatek (leider starb er bereits im folgenden Jahr) zusammen mit dem Co-Ehemaligen und Agenturinhaber Michael F. Walz dieser Herausforderung.

Zwischen beide Bände schob sich die Rückkehr von *Asterix* auf die Kinoleinwände – diesmal aber in völlig ungewohnter Form. Mit *Asterix und Obelix gegen Cäsar* kam 1999 der erste von bisher vier Realfilmen heraus. Greifbare Kulissen, echte Requisiten, ein Aufgebot europäischer Stars (für *Asterix bei den Olympischen Spielen* 2008 um Spitzensportler erweitert), Trickeffekte auf der Höhe der Zeit, Experimente mit der 3-D-Technik und ein enormes Budget: das ist die eine Seite der Medaille. Wohlwollende Kritiker freuten sich, dass die älteren Zeichentrickproduktionen schlechter Qualität stillschweigend überarbeitet und abgelöst wurden. Bösartige zeigten auf Zottelperücken, angeklebte Bärte und entwicklungsfähige Kostüme – Gérard Depardieu als Obelix wurde von Film zu Film stärker ausgestopft, weil die ungefüllt herabhängende Hose den Anblick furchtbar verdarb; seine wechselnden Asterix-Partner im schwarzen T-Shirt wirkten zwangsläufig überproportional groß neben ihm. Aber die Ausstatter plagte von Anfang an offensichtlich die Angst, ihr Personal könnte wie die plüschigen Wandermaskottchen eines Freizeitparks erscheinen, und so taten sie sich mit jener Übertreibung schwer, die für Zeichenstifte kein Problem darstellt. Nicht zuletzt über den Humoranteil wurde debattiert – wie hoch war der Anteil des authentischen Materials, was war platt am Rest, war womöglich gar ein humorloser *Asterix* kreiert worden? Nach mehreren Erfolgen beim Publikum haben die Zuschauerzahlen des bisher letzten Anlaufs, *Asterix und Obelix – Im Auftrag Ihrer Majestät* (*Au service de Sa Majesté*) von 2012, den Erwartungen und dem Finanzbedarf nicht standgehalten. Ob es eine Fortsetzung geben wird oder nicht, die Gemeinde der Asterix-Bewunderer war dauerhaft polarisiert … und sei es nur an der Frage, ob das Erscheinen von Obelix in gleich drei Filmtiteln eine späte, verdiente Wiedergutmachung war oder eine Bedingung des übermächtigen – jetzt abservierten – Depardieu.

Ungleich höher waren die Ansprüche, wie schon gewohnt,

an den Fortgang der Serie selbst. 2001 fiel die Aufgabe des deutschen Übersetzers Walz allein zu. Er hatte eine, wie allseits geurteilt wurde, eher lahme Geschichte geliefert bekommen – *Asterix und Latraviata* stellte neben Falbala, die scheinbar unwiderstehliche Mädchenfrau aus *Asterix als Legionär*, ein eigens von Cäsar ausgewähltes Double einer römischen Schauspielschule und brachte zusätzlich noch die Eltern beider Helden ins Spiel. Statt des Arvernerschildes suchten die Römer ein spezielles Schwert, statt des Sichelschmiedes Talentix, Cousin von Obelix in der *Goldenen Sichel*, rettete das Galliergespann seine Väter, statt der (historischen) Schlacht bei Thapsus in (wieder) *Asterix als Legionär* verlagerte sich der Bürgerkrieg zwischen Caesar und Pompeius nach Nordwestgallien … so hatte der Plot, positiv gesagt, viel von einer Mixtur aus Lieblingsmotiven, härter gesprochen war er ein massives Selbstplagiat.

Der Übersetzer Walz wagte es, auf dieser wackligen Basis einen mutigen, aber einschneidenden Schritt zu vollziehen. In den französischen Originaltexten hagelt es seit eh und je dermaßen dicht Kalauer, Anspielungen auf Tagesereignisse und Literaturkanon, Lieblingschansons und Prominentenklatsch, dass es von vornherein ausgeschlossen war, diesen Aspekt binnen Monaten ins Deutsche zu bringen – selbst in der Internet-Ära ergibt die Zitatejagd erst nach und nach eine hinreichend lange Ergebnisliste. Gudrun Penndorf war entsprechend selektiv vorgegangen. Walz unternahm jetzt das Experiment, den deutschen Textinhalt mit analogen Bezügen zur deutschen Gegenwart näher an die originale Anspielungsdichte zu bringen. Das Echo war verheerend: zu abrupt war der Übergang von der vertrauten Hochsprache (selbst Obelix hatte in deutlich vollständigeren deutschen Sätzen gesprochen als jemals im Original!) zu ausgeschriebenen »Denglisch«-Formen, die man vielleicht in einem *Werner*-Comic erwartet hätte, zu dichtgedrängten, teils makabren Politikerwitzen und -zitaten. Ein Comic, der für deutsche Augen etwas ausgesprochen Überzeitliches, ja Altersloses hatte – der Text näherte sich hier der kaum merklich variierenden Bildsprache an –, sollte nicht so klingen. Eher assoziierte man damit die überdreht witzigen Nachsynchronisationen der Siebzigerjahre, etwa von *Die Zwei*, von *Raumschiff Enterprise* (im originalen *Star Trek* wurde ja längst nicht so geflachst) oder selbst die Tonspuren der deutschsprachigen Bud-Spencer-Filme. Für die Mehrheit war das im Fall *Asterix* weder Kult noch Kompliment. Mit den folgenden Bänden hatte Walz nichts mehr zu tun. Schon *Asterix plaudert aus der Schule* war übersetzerisch eine Gemeinschaftsleistung.

Bis zum nächsten neuen Band vergingen wieder die nun schon gewohnten vier Jahre. *Le ciel lui tombe sur la tête* (*Der Himmel fällt ihm auf den Kopf*), die Publikation von 2005, wurde zu Deutsch *Gallien in Gefahr*, und es gab mit Klaus Jöken einen neuen Übersetzer, der den vertrauten Ton nicht einfach kopierte, aber ein persönliches Pendant dazu fand. Womit sich der Unmut exklusiv über Uderzo entlud, denn es kam in Optik und Handlung diesmal ganz dick. Aliens gegen Asterix – noch dazu als eher dürftige Allegorie eines Jeder-gegen-jeden zwischen dem Comic Disneyscher Prägung (samt Hollywood-Einschlägen), dem Manga (als öde, seriell, primitiv und gewalttätig dargestellt) und natürlich der allen überlegenen, kreativitätssprudelnden, ureuropäischen *bande dessinée*, der strahlenden Siegerin. Bloß merkte das Ureuropäische dem Band niemand so leicht an. Die graphische Endfertigung erging sich in technisch anspruchsvollen Metall- und Spiegeleffekten, ließ die Tuschestriche gehäuft zugunsten gleitender Farbton-Übergänge weg; alles durchaus aktuell und international wie-dererkennbar, nur war es nicht das Aussehen von *Asterix* und konnte doch nicht an die Dynamik, die Rasterungen und Farb-effekte eines Superhelden-Comics (oder auch eines Manga ...) heranreichen. Manche Einzelbilder schienen nur deswegen so riesenformatig zu sein, damit die Geschichte schneller zu En-de ging; sie war, so die letzte Seite, als Hommage an Disney gedacht (mit einer ohrenamputierten Micky-Maus-Kopie); sie wirkte – als Geschichte – kummervoll einfallslos.

Und die Geschichte selbst war nun leider gerade das, was neben den Vorentwürfen definitiv noch das Werk Albert Uderzos war (der offenkundig herzzerreißend wenig von der Galaxis japanischer Comics und deren internationalen Able-gern wusste). Es fiel niemandem etwas Freundliches dazu ein; sowohl der originale wie der deutsche Titel waren, wie Dutzen-de erschütterter Rezensionen und ein ausgesprochen giftiges Leserecho vermerkten, entsetzlich treffend gewählt. Was nun?

Nun kam ein Band, der vielleicht belegt, dass die tiefe Ver-unsicherung zuletzt auch auf Uderzo selbst übergegriffen hat-te. Auf dem Titel von *Asterix & Obelix feiern Geburtstag – Das Goldene Album* prangte 2009 eine Statuengruppe, die in eini-gem an den Foyerschmuck des Magieministeriums in *Harry Potter und der Orden des Phönix* erinnert (unten lachen die Ge-burtstagskinder, oben prunken sie in voller Blasiertheit). Drin-nen warteten volle 56 Seiten ... nur keine Geschichte. Am An-fang stand der Versuch Uderzos – inzwischen 82 –, sich die Be-völkerung des kleinen gallischen Dorfes um jene fünfzig Jahre gealtert vorzustellen, die es *Asterix* mittlerweile schon gab; der Rest war eigentlich bloß ein Bilderbogen mit Personen aus den vorausgegangenen 33 Bänden (ähnlich wie in der Jubiläumsversammlung zum Auftakt von *Asterix auf Korsika*, nur umfassender), in den diverse Einzelbilder, Verfremdungseffekte, Stilkopien und so weiter eingehängt waren. Viele davon waren 1:1-Kopien älterer Szenen, insbesondere aus *Asterix und Latraviata*, andere ließen sich weniger harmlos lesen: Drei Seiten lang erschien die Idee eines römischen Freizeitparks (S. 31–33), und natürlich gab es den *Parc Astérix* passend bereits seit 1989; die Seiten 35–41 füllte der Vorschlag, die Unbesiegbaren zum Film zu schicken. War das nun ironisches Augenzwinkern gegenüber dem eigenen Vermarktungsgeschick oder schlicht Werbung?

Immerhin nutzte der Zeichner die Gelegenheit zu einer diskreten Richtigstellung. Maestria, die Feministin aus dem Zerrspiegel, hatte 1991 unter anderem durch eine konturlose, balkonförmige Oberweite und plumpe Arme wie Fleischwürste ›geglänzt‹; auf den neuen Bildern erschien sie anatomisch um einiges schmeichelhafter (*Asterix & Obelix feiern Geburtstag*, S. 9; 55).

Wesentlich verfänglicher war – je nachdem, wem man glaubt – die Wiederkehr der staksigen, ewig schmollenden Zechine (»Zechi«) aus *Das Geschenk Cäsars*, die sich erst ausmalt, als übergroße Amazone einen kaum armlangen Asterix zwischen ihre gepanzerten Brüste zu drücken, und gleich anschließend einer Heiratsphantasie nachhängt (S. 27–28). Albert Uderzo hat stets geleugnet, dass es sich bei Zechine (Studentensprache für »Tochter eines (Gast-)Wirts«, nämlich des zugezogenen Orthopädix), im Original Coriza (so niedlich der Kosename »Zaza« auch wirkt, Koryza bedeutet »Schnupfen«), um ein Abbild seiner Tochter Sylvie handle ... mit der er sich inzwischen seit Jahren in unterhaltsamen Meinungsverschiedenheiten befand.

In Text und Bild hat Asterix erst spät eine Familie bekommen, im prallen Leben weit früher. »In meinen Adern fließt deine Tinte, in deinen Adern fließt mein Blut«, schrieb Anne Goscinny, Jahrgang 1968, in ihrem Gruß- und Geleitwort zum *Geburtstag*-Band. Da hatte sie sich bereits eine Existenz als Schriftstellerin und Literaturkritikerin aufgebaut, stets interessiert am Nachlass ihres Vaters und auch an der Comicszene, aber beruflich wie gedanklich auf eigenen Füßen.

Was müsste erst Sylvie Uderzo, Jahrgang 1956, in der gleichen Bildersprache von sich behaupten? Über mehrere Zwischenstationen war sie 1992 zur Geschäftsführerin der Éditions Albert René aufgestiegen, an denen sie 40% der Anteile hielt; und weil der Tag 24 Stunden hat, war ihre Wahl im Privatleben auf Bernard de Choisy gefallen – der sich bereits vor der Hochzeit 1995 mit einem Fanbuch unter dem verheißungsvollen Titel *Uderzo-Storix* hervorgetan hatte. Diese Ehe war offensichtlich im klarblauen gallischen Himmel geschlossen worden.

Allein: »Diesmal haben wir die Freude, die römische Legion im Manöver gegen die römische Legion vorzustellen ...« (*Asterix als Legionär*, S. 44) Bösartige Menschen könnten behaupten, dass das Haus Uderzo mit dem Drama, das der Öffentlichkeit ab 2007 geboten wurde, für die nicht ganz so schwungvollen Stories einiger Alben entschädigen wollte. In diesem Jahr entzog – verkürzt gesagt – Albert Uderzo seiner Tochter die Geschäftsführung des Verlags; sie antwortete mit einer Klage wegen unrechtmäßiger Entlassung und erstritt sich 2009 eine sechsstellige Entschädigungssumme. Höchstwahrscheinlich hatte hinter der Kündigung die Absicht Vater Uderzos gestanden, in Kürze an Frankreichs mit Abstand größten Verlagskonzern Hachette zu verkaufen. Das Geschäft wurde am 12. Dezember 2008 perfekt – mit den 40 % Uderzos und den 20 %, die Anne Goscinny hielt. Sylvie Uderzo weigerte sich, wie sie erklärte, aus Verantwortungsgefühl für Asterix … denn zu den Verkaufsbedingungen gehörte das Recht, auch nach Uderzos Tod weiterhin *Asterix*-Abenteuer in Auftrag geben zu dürfen.

Das Verfügungsrecht über die eigene Figur ist *der* kritische Punkt im Leben eines Comiczeichners. Bill Watterson hat als Grund für seinen Entschluss, *Calvin & Hobbes* einzustellen, unter anderem den Druck der Comicsyndikate angeführt, er solle doch endlich sein Okay zu T-Shirts, Stoffpuppen und all den anderen Merchandising-Artikeln geben. Charles Schulz tat sich mit all diesen Seitenprodukten leichter (und der 3-D-*Peanuts*-Film von 2015 durfte auch nach seinem Tod erscheinen), aber in seiner Entscheidung, der Strip selbst solle und dürfe ihn nicht überleben, blieb er fest. Das Gegenextrem bilden diverse Superhelden, die von Anfang an im Auftrag der Comicverlage entworfen und gezeichnet waren. In Deutschland hat es in der Frage, wem wie viel von *Käpt'n Blaubär* gehörte, den berühmten Kompromiss gegeben, dass Walter Moers sich in Romanform weiterhin der Figur bedienen durfte, deren Rechte aber beim WDR liegen – und so kam es 1999 zum ersten der Zamonien-Bücher, jedes mit einer Fülle an Zeichnungen gespickt, aber von Buch zu Buch mit weniger Blaubär-Spuren in der Handlung. Es ist eindeutig schwere Arbeit, mit einer Eigenkreation zu leben und zu wirken, die einem rein rechtlich nicht (mehr) gehört.

Albert Uderzo hatte die Freigabe für die Zeit nach ihm erst verworfen, dann schließlich aber doch erteilt – und sie war zugleich das Signal, dass ein Abschied bevorstand. 2011 machte er diese Tatsache offiziell und verkündete, das nächste Album werde er zwar noch begleiten, seine Entstehung aber in andere Hände geben. Als Texter nominierte er Jean-Yves Ferri, die Zeichnungen sollte Didier Conrad fertigen. Wieder ein Autorenduo wie im Goldenen Zeitalter? Die letzten Uderzo-Alben waren faktisch längst Teamarbeit gewesen, und dabei blieb es: Thierry Mébarki sollte weiterhin die Kolorierung besorgen (während sein Bruder zur allgemeinen Überraschung kein Teil der Equipe mehr war).

Es war zugleich das Jahr, in dem Sylvie ihre Anteile an Hachette verkaufte und sich der Kraft der ökonomischen Tatsachen beugte. Anschließend zog sie vor Gericht: Die Entourage ihres Vaters habe dessen altersbedingte Hinfälligkeit ausgenutzt und ihm Entscheidungen zu seinem eigenen Nachteil eingeredet. Sprich, Uderzo sei nicht zurechnungsfähig ... Diese Klage gegen Unbekannt (*plaint contre X*; wir erinnern uns an den Gastwirt Plaintcontrix in *Asterix als Gladiator*, einen der Namen, die Gudrun Penndorf nicht hatte übersetzen dürfen) war ein gefundenes Fressen für Kommentatoren aller Art. Das literarische Frankreich diskutierte genüsslich, ob Uderzo wirklich die Marionette seines Notars (oder Friseurs oder Hausarztes) sei wie behauptet, und zog noch genüsslicher die Parallelen zu *Streit um Asterix*.

Das Verfahren nahm seinen Gang. 2013, im Erscheinungsjahr des ersten neuen Bandes, wurde die Klage abgewiesen. Sylvie Uderzo ging in Berufung. Ihr Vater startete eine Gegenklage, diese Aktivitäten verrieten seelische Grausamkeit ... und gab ebenfalls nicht ihr die moralische Hauptschuld, sondern zeigte auf seinen Schwiegersohn Bernard de Choisy, der inzwischen als Produzent einiger neuerer *Asterix*-Filme aller-

Seit 2011 zeichnet Didier Conrad (li.), von 2011 bis 2021 verfasste
Jean-Yves Ferri (re.) die Texte. Hier die beiden bei einer Präsentation von
Asterix bei den Pikten im Oktober 2013 in Frankfurt am Main.

hand zusätzliches Interesse an seinem langjährigen Leib- und
Magenthema entwickelt hatte. 2014 bedankte de Choisy sich
mit einem rassigen Skandal- und Enthüllungsbuch, *La loi des
Seigneurs*, das ein Bild mafiöser Strukturen rund um Uderzo
malte.

Wechselseitiger Liebesentzug, Gift und Galle, ein ideeller
und ökonomischer Erbfolgekrieg, der sich dem Selbstzerstöre-
rischen näherte … sogar den Klatschkolumnisten verschlug es
zusehends den Atem. Nach und nach dämmerte es den Pro-
zessparteien offensichtlich, dass sie sich auf diese Art in mehr-
facher Hinsicht keinen Gefallen taten. Doch es ging offenkundig nicht allein um Geld, Kränkungen oder familiäre Macht-

Chronologie eines Erfolges

1959 Mit *Astérix le Gaulois* als einer der tragenden Serien startet die Jugendzeitschrift *Pilote*.

1961 Erstpublikation als eigenständiges Album.

1965 *Astérix et Cléopatre* erscheint mit einer Startauflage von 100 000.

1966 Deutsche Übersetzungen beginnen im Rolf Kauka Verlag zu erscheinen; wegen sinnentstellender Eigenmächtigkeiten wird Kauka die Lizenz entzogen.

1967 Band 9 und 10 der Originalversion durchbrechen die Millionengrenze. Der erste *Asterix*-Zeichentrickfilm kommt in die Kinos.

1968 Gudrun Penndorf legt die erste seriöse deutsche Übersetzung vor: *Asterix der Gallier*. Deutschland wird rasch zum mit Abstand zweitgrößten Markt der Serie.

1974 Ausscheiden der Serie aus der Mutterzeitschrift *Pilote*. Gründung der *Studios Idéfix* für Filmprojekte.

1975 Die ersten deutschsprachigen *Asterix*-Hörspiele erscheinen auf Kassetten und Schallplatten.

1977 Der Texter René Goscinny stirbt während der Arbeit an Band 24. Der Zeichner Albert Uderzo führt, zunächst auf Druck des Albumverlags Dargaud, die Serie alleine fort.

1979 Bruch mit Dargaud und Gründung der *Éditions Albert René* durch die *Asterix*-›Erbengemeinschaft‹.

1980 Mit *Der große Graben* erscheint das erste Alleinprojekt Uderzos.

1982 Erstes Asterix-Computerspiel auf einer Atari-Konsole.

1989 Der *Parc Astérix* bei Paris öffnet seine Tore. Ab 1992 überflügelt von Euro-Disney, wird er zum französi-

schen Freizeitpark mit der zweithöchsten Besucher-
zahl.

1991 Mit *La rose et la glaive* (dt. *Asterix und Maestria*) beginnt eine Diskussion über die inhaltliche Qualität der
Uderzo-Bände, die (bei weiter steigenden Auflagen)
nicht mehr abreißt.

1993 Erstes von vielen Asterix-Spielen für den Gameboy und
weitere tragbare Videokonsolen.

1999 Erster Realfilm: *Asterix und Obelix gegen Cäsar.*

2001 Seit *Asterix und Latraviata* – dem zweiten deutschen
Band nach der Ära Penndorf – beschränkt sich der Beitrag von Albert Uderzo auf Text und Vorentwürfe.

2005 Höhepunkt der Kritik an Uderzo nach dem Erscheinen
von *Le ciel lui tombe sur la tête* (dt. *Gallien in Gefahr*).
Erstes Computerspiel für Mobiltelefone.

2008 Verkauf der Verlagsmehrheit an die Hachette-Gruppe;
dabei räumt Uderzo das Recht ein, nach seinem Tod
oder Rückzug weitere Abenteuer fertigen zu lassen.

2009 Zum 50. Jubiläum der Serie eskaliert der Rechtsstreit
zwischen Uderzo und seiner Tochter Sylvie.

2011 Uderzo kündigt seinen Rückzug aus der Arbeit an der
Serie an.

2013 *Asterix und die Pikten* erscheint als Band 34: das erste
Abenteuer des neuen Autorengespanns Conrad/Ferri.

2015 Juristische Einigung im Familienkonflikt.

2020 Albert Uderzo stirbt mit 92 Jahren. Die Corona-Pan-
demie verhindert Dreharbeiten in China für *Asterix &
Obelix im Reich der Mitte.* Nicht mehr beim Film dabei
ist der als »Putin-Versteher« kritisierte Gérard Depardieu.

verhältnisse, es war unter anderem wohl auch ein Streit um die Nähe zu einer gezeichneten Figur mit starkem Ego und noch stärkerem Eigenleben.

Er endete aber doch: Im Oktober 2015 gaben die Anwälte beider Seiten bekannt, dass die streitende Familie sich auf einen Vergleich geeinigt hatte. »Sehr fein, Legionär Hochgenus! Feg das hier zusammen, und dann Schwamm drüber!« (*Das Geschenk Cäsars*, S. 46) Nach 42 Jahren, in denen er *Asterix* seine tausend optischen Facetten gegeben hatte, starb Albert Uderzo am 24. März 2020 im Frieden eines späten Ruhestands.

Leben im eigenen Schatten: Gegenwart und Zukunft eines Phänomens

Seit *Der Seher* wissen die Kundigen, dass es keine echten Prophezeiungen gibt, nur gut Geratenes. Aber zum einen ist das Jetzt die Mutter des Morgen, zum anderen: *video meliora proboque, deteriora sequor* (»Ich sehe das Bessere und heiße es gut, dem Schlechteren folge ich.« *Asterix und die Goten*, S. 20). Und überhaupt: *dulce est desipere in loco* – »das ist von Horaz« (*Asterix bei den Schweizern*, S. 36), aber noch in keinem Album verwendet worden, und heißt unter anderem: »Herrlich ist es, sich bei passender Gelegenheit von seinem Verstand zu verabschieden.«

Für die Orakelfreunde und Auguren stehen erst vier Bände der Ära Ferri/Conrad zur Verfügung. Viel zu kurz für eifersüchtige Fragen, ob künftig der sprachliche oder der graphische Witz das Spielbein von *Asterix* sein wird, für Untersuchungen, ob Charakteristika aus Uderzos langer Solokarriere – das Märchenhafte etwa oder die wachsende Länge der langweiligen Reden von Majestix – gepflegt, gedämpft oder gebrochen erscheinen. Vor allem aber wachten von der ersten Seite an kritische Augen in aller Welt darüber, ob sich *Asterix bei den Pikten* (2013), *Der Papyrus des Cäsar* (2015), *Asterix in Italien* (2017) und zuletzt *Die Tochter des Vercingetorix* (2019) als originell und geistreich oder als müde Kopien präsentieren würden. Ist die Serie eigenständig in eine neue Zeit gegangen oder zehrt sie von ihrer großen Vergangenheit?

Diese bohrenden Fragen sind – nach klassischen Reiseabenteuern und einem ebenso klassischen Immer-Ärger-mit-den-Römern-Plot – mit einem klaren Jein zu beantworten. Zunächst einmal ist schon die Verkürzung des Publikationsabstandes auf zwei Jahre eine Leistung, die zuletzt 1983 gelungen ist.

Vieles kommt bekannt vor: Die Farbpalette und das Effektrepertoire meidet grelle Spielereien, die *Gallien in Gefahr* so schwerverdaulich machten, und streut dafür spektakuläre Einzelstückchen ein, vor allem die traditionell liebevoll ausgestalteten Nachtszenen, aber auch grünbrauntöniges Waldesdunkel. Frisch aus der Tagespolitik getreten ist ein Doppelgänger von Julian Assange als »Polemix, Kolporteur ohne Grenzen« (*Der Papyrus des Cäsar*, S. 10), Grund genug, indirekt für die Freilassung der Whistleblower und Journalisten unserer Zeit und Welt zu werben (S. 46). Als Hauptsponsor eines durch und durch korrupten Wagenrennens – rein zufällig beginnt es mit dem klassischen Werbetross der Tour de France (*Asterix in Italien*, S. 12) – glänzt ein Doppelgänger von Silvio Berlusconi: Croesus Lupus aus Neapel (seine Fischsoßenmarke *Garum Lupus* heißt nicht umsonst »Werwolf«, *loup-garou*) und »macht euch ein Angebot, das ihr nicht ablehnen könnt!« (S. 42), standesgemäß begleitet von zwei Gorillas. Überhaupt ist der Band eine Starparade der Personenschützer: Cäsars

Bodyguard behält mit wachsam rotierenden Blicken jeden Schmetterling im Auge (S. 4).

Die optische Völkerkunde folgt teils den alten Spuren: Die Numider haben nach wie vor eine einheitliche Zartbitter-Hautfarbe und derart übergroße grellrote Wulstlippen, dass man etwas nachdenklich wird (*Papyrus*, S. 6). Aber hier sind die Klischees in Bewegung geraten – die beiden Kuschitinnen, die ein Zebragespann durch *Asterix in Italien* lenken, sind endlich mit einer halbwegs natürlichen Lippenfarbe koloriert und haben einen hervorragenden Männergeschmack (denn ihr einziger Kuss geht an Idefix: S. 33). Mit etwas Glück ist das der Anfang einer behutsamen, überfälligen Imagekorrektur.

Noch klarer ist mit dem historischen Unrecht an der ›Jugend von heute‹ aufgeräumt worden, die in *Asterix und die Normannen* noch als verwöhnt und schrill abgefertigt wurde. Den dorfeigenen Teenagern wird nicht nur das Recht aufs Abhängen im Steinbruch und den Gruß per Ghettofaust eingeräumt, sie dürfen auch beruflich eigene Wege gehen (*Die Tochter des Vercingetorix*, S. 13–16, 46). Und was die heimliche Sensation ist: Zu Beginn von *Asterix auf Korsika* waren sie noch laufende Meter mit Zahnlücke – für sie und nur für sie ist die Comiczeit nicht stehengeblieben.

Die untadelige Tradition, ein paar Tropfen echte Antike mit viel Moderne zu vermischen, wird konsequent fortgeführt: Die kurze Lektion, dass das antike Italien eine vielsprachige, multiethnische Angelegenheit war (S. 22), verschwindet diskret zwischen Klischees zu Gondolieri und Karneval, Chianti aus Korbflaschen und Wildschwein mit – was sonst? – Knoblauch. Im Prinzip original sind die antiken Statuen in Florenz, nur war keine von ihnen je dort – und die Juno Ludovisi hat Probleme mit ihrer steinernen Dauerwelle (S. 25). Ähnlich hatte der *Pikten*-Band sich mit einer seit *Asterix bei den Belgiern* nicht gekannten Intensität diverse Binsenweisheiten über die Schotten vorgenommen (mit denen die historischen Pikten, das ist das besonders Schöne, wenig bis nichts zu tun haben). Ansonsten ist natürlich alles da, Kilts, Baumstammwerfen und promillestarkes »Malzwasser« – und ja, auch die im Deutschen leicht nibelungenhaft benannte Fafnie, das Ungeheuer vom Loch Endroll. Ob es stimmungsvoll war, in *Asterix in Italien* und *Asterix und der Greif* die Sarmaten (ein Konglomerat aus Reitervölkern, das grob gesprochen im Osten lebte) zu Pseudo-Russen zu machen, die mitunter »Beim Marx!« fluchen, ist diskussionswürdig. In den Zeiten des Abgasskandals haben jedenfalls die Markomannen, die Gefährte manipulieren, »weil wir Südgermanen in der Wagentechnik nicht ganz unbeleckt sind«, ihren eigenen Reiz ..., auch wenn sie eigentlich im heutigen Tschechien saßen (*Asterix in Italien*, S. 34).

Ein besonders gefährlicher Zug Uderzos – nämlich derjenige, aus ›Fragen ans Drehbuch‹, an die innere Logik der Serie, den Aufhänger eines ganzen Bandes zu machen (lebenslange Wirkung des Zaubertranks bei Obelix; was ist mit den unsichtbaren Familien der beiden Helden ...?) – hat sich im *Papyrus* wiederum durchgesetzt, ja, Ferri/Conrad packen nicht weniger als die Existenzfrage schlechthin an: Wie konnte es überhaupt, vom unendlich langen Jahr 50 v. Chr. ausgehend, zur historischen *Asterix*-Serie kommen? Verschwenderisch gibt es obendrauf sogar noch die Erklärung, wieso Troubadix unverzichtbar für das Dorf der Unbesiegbaren ist (*Der Papyrus des Cäsar*, S. 30: »Was glaubst du, warum wir den seit Jahren ertragen?«).

Und gibt es so viele *Asterix*-Selbstzitate wie anno Uderzo? Keineswegs – im *Papyrus des Cäsar* gibt es nämlich viel, viel mehr denn je. Rohrpostix der Briefträger darf wieder einmal austragen, Methusalix mit seinem leicht verzeichneten inneren Selbstporträt ringen, Gutemine sich an der Fischtheke hinten anstellen und ihrer immerwachen Profilneurose als Frau vom Chef begegnen (*Der Papyrus des Cäsar*, S. 12, vgl. *Streit um Asterix*, S. 15). Handlungstragend wird die vom Tränkebrauen bekannte Informationsweitergabe »von Druidenmund zu Druidenohr« (*Streit um Asterix*, S. 29; *Die Odyssee*, S. 7), der in *Asterix und die Goten* kurz betretene Karnutenwald wird ausgiebig zum Schauplatz (sogar das dicke Verbotsschild ist noch da: *Asterix und die Goten*, S. 9, *Der Papyrus des Cäsar*, S. 25), und die liebe alte Orgie, wohlvertraut seit *Asterix bei den Schweizern*, wird endlich wieder ins Bild gesetzt, diesmal aber nur im kinderprogrammtauglichen Frühstadium (*Der Papyrus des Cäsar*, S. 9 – sollte es sich bei dem versnobten Literaturkritiker, der jeden kennt, um Frankreichs Kulturikone Bernard-Henri Lévy handeln?). Die Gefahren der computergrauen römischen SMS-Tauben (*Der Papyrus des Cäsar*, S. 16) erinnern frappant an die der verliebten Agentenfliege in *Die Odyssee* (S. 20) ... und falls jemand die Analogie selbst für eine Innovation hält: nicht doch! Gurrende Kurznachrichten präsentierte schon der Film *Asterix und die Wikinger* (2006). So üppig hat sich das Informationszeitalter allerdings nie zuvor ausgetobt.

Querverweise und Neuauflagen ohne Ende. Kann so eine auf sich selbst verweisende Angelegenheit denn noch Cäsar geben, was des Cäsars ist? (*Redde Caesari quae sunt Caesaris* – *Der Papyrus des Cäsar*, S. 45, und ein Zitat der ersten Stunde: *Asterix der Gallier*, S. 47, gern wiederholt in *Obelix GmbH und Co. KG*, S. 33. Man traut sich vor lauter Heidenspaß kaum noch, auf das Markusevangelium, 12,17, zu verweisen.) Schließlich hat der um Ideen ringende Albert Uderzo das alles schon durchexerziert. Kann sie also?

Und ob sie das kann. Die neue Generation hat augenscheinlich die Erkenntnis verinnerlicht, dass *Asterix*, egal was sie mit ihm macht, immer im langen Schatten von *Asterix* agieren wird. Also bemüht sie sich gar nicht, die Selbstzitate zu vermeiden, aber es sind hundert kleine statt fünf großer, und die Macher runden die eigenen Einfälle ab, statt Zeit bis zur nächsten Neuerung zu erkaufen. Das Wiedererkennen wird dem werten Publikum nicht mehr mit aller Gewalt unter die Nase gerieben, es ergibt sich als Extraprämie für die Kundigen am Wegesrand. Wie etwa das Straßenschild nach »Oderzo« (*Asterix in Italie*n, S. 19): Wer eine kleine Huldigung darin sieht, hat völlig recht – nebenbei, den Ort Oderzo (Opitergium) gab es damals wirklich schon und die römischen Meilensteine haben nach all den Jahren endlich ihre authentische Säulenform bekommen.

Besonders gut zeigt sich die neue Raffinesse darin, wie in *Asterix bei den Pikten* eine subtile Antwort auf den Geschlechterkrawall von anno *Maestria* gegeben wird: In Mac Aphon, seine höchst vorzeigbaren Muskeln und besonders seine markant bein- und brustfreie Kleidermode sind die Frauen des Dorfs binnen kürzester Zeit gründlich verknallt. Menschlich verständlich, wie ein Blick auf ihre knubbelnasigen, schwabbelbäuchigen Gatten zeigt – und wider besseres Wissen können die Dörflerinnen es dennoch nicht lassen und kleiden ihr Mannsvolk entsprechend neu ein. Mit voraussehbar blamablen Erlebnissen, aber wo soll die überschüssige Romantik sonst hin? Nach so vielen vorsätzlich putzigen Kinderszenen am Rand so manchen Schlussbild-Festmahls, die Uderzo uns einst spendierte, ist Didier Conrad und dem kolorierenden Trio etwas Urkomisch-Tiefsinniges gelungen. Die wahren Kindsköpfe, das ist eine der Kernbotschaften, sind schließlich immer die Erwachsenen.

mit Frédéric Mébarki (Kolorierung)

— Wie Obelix als kleines Kind in den Zaubertrank
   geplumpst ist
   frz.: 1989   *dt.:* 1989

**mit Frédéric Mébarki (Kolorierung), Thierry Mébarki
(Tusche) u. a.**

29   Asterix und Maestria
     frz.: 1991   *dt.:* 1991

30   Obelix auf Kreuzfahrt
     frz.: 1996   *dt.:* 1996 *übers. A. Kabatek /
                                   Michael F. Walz*

31   Asterix und Latraviata
     frz.: 2001   *dt.:* 2001 *übers. Michael F. Walz*

[32] Asterix plaudert aus der Schule
     frz.: 1993, erweitert 2003 *dt.:* 2003

33   Gallien in Gefahr
     frz.: 2005   *dt.:* 2005 *übers. Klaus Jöken*

[34] Asterix & Obelix feiern Geburtstag
     frz.: 2009   *dt.:* 2009

**Jean-Yves Ferri (Text) & Didier Conrad (Zeichnungen)
mit Thierry Mébarki u. a. (Kolorierung)**

35   Asterix bei den Pikten
     frz.: 2013   *dt.:* 2013

36   Der Papyrus des Cäsar
     frz.: 2015   *dt.:* 2015

37   Asterix in Italien
     frz.: 2017   *dt.:* 2017

38   Die Tochter des Vercingetorix
     frz.: 2019   *dt.:* 2019

39   Asterix und der Greif
     frz.: 2021   *dt.:* 2021

Fabrice Caro (Text) & Didier Conrad (Zeichnungen)

40   Die weiße Iris
     frz.: 2023   *dt.:* 2023

Epilog

Asterix ist eine Idee aus dem Jahr 1959 und folglich veraltet; damit kann es jetzt jeden Tag vorbei sein, denn irgendwann überlebt sich alles, besonders wenn die Leute darin Latein reden. *Asterix* ist eine Marke, mit der man Wochenenden im Freizeitpark verbringen, ins Kino gehen, seinen Bildschirmhintergrund füllen, Spiele auf seinem Handy anfangen oder sein Sofa dekorieren kann; solange sich damit Geld verdienen lässt, ist so etwas doch immer aktuell. *Asterix* ist eine eigene Welt in Sachen Humor, eine einzigartige Mixtur aus fliegenden Fetzen und hintersinnigen Bemerkungen, ein Loblied auf den Mut zum schrägen und gelegentlich auch schlechten Geschmack; kopieren lässt sich das unmöglich, aber hoffentlich, hoffentlich immer weiter fortschreiben. *Asterix* ist wie der heimatliche Sportverein; jedes Mal wenn das neue Album aus der Kabine kommt, geht das große Zittern los, ob ein großer Tag bevorsteht oder ein Desaster – kalt lässt einen das nie, und nächstes Mal ist das gleiche Lampenfieber wieder da.

Wer auch immer nun richtig liegt, jedenfalls ist *Asterix* so ziemlich die einzige Comicserie, zu der fast alle eine Meinung haben (manchmal auch mehrere zugleich), sogar ohne sie gelesen zu haben. Eine Institution, das zeigt sich daran – und selbst wenn ihr von heute auf morgen die Ideen ausgingen, würde sie, von ihrem eigenen Ruf angetrieben, noch eine ganze Zeit weiterlaufen. Institutionen leben allerdings unbequem: Von ihnen wird Wiedererkennbarkeit verlangt und im gleichen Atemzug das Überraschende, die Abwechslung ... um der Leitwissenschaft des frühen 21. Jahrhunderts, der Betriebswirtschaftslehre, das Wort zu geben: ständige Innovation und Markenidentität zugleich. Ob sich diese zwei Ziele nun im Einzelfall beißen oder nicht, das, liebe Autoren (lächelt der Zeitgeist), ist *euer* Problem, denn hinterfragen werden wir sie als Ziele vorläufig nicht.

Mit dem Zurückdrängen des Lateins und der klassischen Antike insgesamt ist das gallische Phänomen dermaßen leicht fertig geworden, dass Verschwörungstheoretiker ihm sogar nachsagen könnten, es hätte dazu beigetragen, weil die Römer schließlich ständig verlieren. Auf *Asterix* warten ganz andere Gefahren: Wie hoch ist der Anteil der Nostalgie-Kundschaft an den Verkaufszahlen, und wachsen genug Lesegenerationen nach, während wir darüber reden? Umgekehrt: Bleibt der Humor altersübergreifend gemischt – oder droht eine Nur-Kinderversion, ein Nur-Karikaturenalbum der letzten zwei bis vier Jahre Tagespolitik oder irgendeine andere Einseitigkeit? Behält *Asterix* seinen intelligenten Zug, seine in humanen Grenzen gehaltene Bissigkeit, vor allem: seinen Hang, sich selbst nicht ganz ernst zu nehmen? Und da die Fragen der Zeit inzwischen schneller und schärfer gestellt werden: Schafft Asterix es, den Klischees zu entgehen, mit denen er oft gespielt und manchmal geflirtet hat, oder werden die Schatten von Sexismus, Rassismus und kultureller Aneignung über ihn fallen?

Die Antworten wird – wie eh und je – die eigentliche Geheimzutat dieses Erfolgsrezepts geben, die ebenso unverzichtbar wie unkontrollierbar bleibt. Die Rede ist nicht von Redaktionssitzungen oder stilistischen Experimenten, sondern von der unsichtbaren Grenze, an der die Maximen und Mühen der Personen, die hinter jedem Album stecken, auf die eine Person treffen, die jeweils ihre Nase hineinsteckt: Was beim Lesen passiert, ist mindestens so einmalig und hochindividuell wie die Aufführung und Interpretation eines Musikstücks; daraus erst wird dann der Gesamteindruck irgendwo zwischen gebannter Begeisterung und gründlicher Frustration. Für einen wirklich großen Moment müssen beide Seiten ihr Bestes geben, wenn auch zu unterschiedlichen Zeitpunkten. Und dieses Beste zu synchronisieren wird immer ein Abenteuer bleiben.

Also müssen wir gleich noch eine weitere Urangst in die Liste aufnehmen: Wird *Asterix*, gute Autorenarbeit vorausgesetzt, denn auch in Zukunft passende Leser finden, mal aus ganz unerwarteten Richtungen und mal aus den bekannten? Schließlich wäre es beim systematischen Sorgenmachen sehr unprofessionell, nicht auch um unsere eigene Aufnahmefähigkeit zu bangen. Es steckt ja wirklich viel Training in unserer Fähigkeit, ›einfach‹ Spaß an bestimmten Dingen zu haben, und sollten zu viele von uns gleichzeitig eines Tages in ein Formtief geraten, ja dann …

Dann gäbe es immer noch eine Untergrundbewegung namens *Asterix*, deren Kampfschriften täuschend harmlos in Zigtausenden Regalen und Umzugskartons lauern. Eine benebelnde Mixtur aus umfunktioniertem Schulwissen, großen und kleinen Bosheiten und Persiflage, die die Unverschämtheit besitzt, früher oder später ihre Leserschaft systematisch auf Vorhandensein einer Vielzahl denkbarer Schrullen, Marotten und Beschränktheiten zu prüfen, indem sie hineinpiekst wie in *Asterix und der Arvernerschild* das halbe Dorf in Majestix' überempfindliche Leber. Na, aber *das* tat jetzt schon weh, oder? Schlimmer noch, wer lange genug darin blättert oder sich gar festliest, nähert sich der Überzeugung, das Lächerliche könnte zum Höchstpersönlichen gehören, im eigenen Fall und überhaupt. Was für eine gemeine Art, uns toleranter zu machen.

Dieser Comic ist am Ende doch ein Lehrbuch: Ein Leitfaden, die Dinge (und die Leute) von der schrägen Seite zu sehen und dabei noch über sich zu lachen, weil man für so schiefe Blicke – um wie Obelix die Erfahrung zu machen, die Schweiz sei ein flaches Land, zum Beispiel – selbst ordentlich schielen muss. Was nicht sehr würdevoll aussieht. Das Spiegelkabinett *Asterix* ist boshaft hilfsbereit zur Stelle, uns diesen eigenen Silberblick auch gleich zu zeigen. Sehen (oder schielen) Sie ruhig hin, und wenn Sie sich vom ersten Schock erholt haben, wischen Sie sich die Lachtränen ab. So sehen Sie nämlich die einladend offenen Türen zwischen den Spiegeln besser, durch die es in die wahren Tiefen des Labyrinths geht, zu den kräftigen Tuschestrichen, den leuchtenden Farben, den grotesken Leutchen, den aberwitzigen Wortmeldungen.

Ja, auch Sie kommen weiterhin drin vor, schließlich sind überall Spiegel aufgestellt – nutzen Sie die Einladung möglichst oft. Irgendwer aus Ihrem Bekanntenkreis tut es sonst ja sowieso, und es wäre doch zu schön, herauszubekommen, wem Sie beide wohl ähnlich sehen. Wem denn genau? Wie sprach zu uns schon Cäsar (*Asterix bei den Belgiern*, S. 46): »Weiß ich nicht. Aber eins kann ich euch sagen! Ihr spinnt alle miteinander!« Nehmen wir ihn beim Wort … immer und immer wieder.

Lektüretipps

Horst Berner: Das große Asterix-Lexikon. Stuttgart: Egmont Ehapa, [3]2001. (Erstauflage 1986).

Kai Brodersen (Hrsg.): Asterix und seine Zeit. Die große Welt des kleinen Galliers. München: C. H. Beck, 2001. [13 Aufsätze.]

Bernard de Choisy: Uderzo-Storix: l'aventure d'un Gallo-romain. Nizza: Jean-Claude Lattès, 1991.

Bernard de Choisy / Denis Clauteaux / Marc Jallon: Le monde-miroir d'Astérix. [Ausstellungskatalog Tour et Taxis, Brüssel 2005–2006.] Paris: Les Éditions Albert René, 2005.

Bernard de Choisy: La loi des seigneurs. Paris: Michalon, 2014. Mit einem Vorwort von Sylvie Uderzo.

Patrick Gaumer: Les années Pilote. Pantin: Dargaud, 1996.

Meinrad Maria Grewenig (Hrsg.): Asterix & die Kelten / les Celtes. Mit Beiträgen von Meinrad Maria Grewenig, Klaus Jöken, Franz-Josef Schuhmacher. [Ausstellungs-Begleitband, Weltkulturerbe Völklinger Hütte, Europäisches Zentrum für Kunst und Industriekultur.] Annweiler: Springpunkt, 2011.

Ils sont fous … d'Astérix: un mythe contemporain. Le catalogue d'exposition, Musée national des arts et traditions populaires, 30 octobre 1996 – 21 avril 1997. Paris: Éditions Albert-René, 1997. [Ausstellungskatalog.]

Marco Mütz: Das inoffizielle Asterix-&-Obelix-Lexikon. Gewichtiges

Gallierwissen von A wie Arvernerschild bis Z wie Zuckerpüpp-
chen. München: riva, 2017.

Carine Picaud (Hrsg.): Astérix de A à Z. [Begleitband zur Ausstellung »Astérix à la BnF!«, Bibliothèque nationale de France, Paris,
16. 10. 2013–19. 1. 2014.] Paris: Hazan/BnF, 2013.

Nicolas Rouvière: Astérix ou les lumières de la civilisation. Vendôme:
PUF, 2006.

– Astérix ou la parodie des identités. Paris: Flammarion, 2008.

René van Royen / Sunnyva van der Vegt: Asterix. Die ganze Wahrheit.
München: C. H. Beck, 1998.

– Asterix auf großer Fahrt. München: C. H. Beck, 2001.

– Asterix entdeckt die Welt. München: C. H. Beck, 2007.

André Stoll: Asterix – Das Trivialepos Frankreichs. Köln: DuMont,
1974.

Westfälisches Römermuseum Haltern (Hrsg.): »Die spinnen, die …«
Mit Asterix durch die Welt der Römer. [Begleitbuch zur Ausstellung
im Westfälischen Römermuseum Haltern aus Anlaß des 100-jäh-
rigen Jubiläums des Beginns der Ausgrabungen in Haltern und des
40. Jahrestags der Veröffentlichung der ersten Seiten von Asterix in
der französischen Zeitschrift Pilote.] Stuttgart: Ehapa, 1999.

Internetseiten: Über die Artikel der französischsprachigen *Wikipedia*
(in etwas kleinerem Umfang auch im deutschsprachigen Pendant) sind
hilfreiche Informationen in großer Zahl verstreut. Nützliche Web-
sites sind insbesondere www.asterix.com (mehrsprachiger offizieller
Netzauftritt für die gedruckten Publikationen), lencyclopedix.free.fr
(ein Online-Lexikon mit Bildern, das z. B. die französischen Originalnamen liebevoll erschließt), www.asterix-obelix.nl (ein Panorama der
Sprachenvielfalt) und www.comedix.de (»Deutsches Asterix-Archiv«,
eine Privatinitiative mit umfangreichen Materialien unter der Ägide
von Marco Mütz).

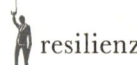

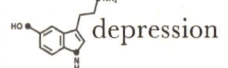